CHINA STONE

INSIGHT

第五十一辑

华夏基石管理咨询集团 主编
CHINA STONE MANAGEMENT CONSULTING GROUP

中国财富出版社

图书在版编目（CIP）数据

洞察：华夏基石管理评论．第五十一辑 / 华夏基石管理咨询集团主编．— 北京：中国财富出版社，2019.7

ISBN 978-7-5047-6984-8

Ⅰ．①洞… Ⅱ．①华… Ⅲ．①企业管理 Ⅳ．① F272

中国版本图书馆 CIP 数据核字 (2019) 第 148222 号

策划编辑 李 晗　**责任编辑** 邢有涛 李 晗
责任印制 尚立业　**责任校对** 孙会香 许 诺　**责任发行** 敬 东

出版发行 中国财富出版社
社　　址 北京市丰台区南四环西路 188 号 5 区 20 楼　**邮政编码** 100070
电　　话 010-52227588 转 2098（发行部）　010-52227588 转 321（总编室）
010-52227588 转 100（读者服务部）　010-52227588 转 305（质检部）
网　　址 http://www.cfpress.com.cn
经　　销 新华书店
印　　刷 北京柏力行彩印有限公司
书　　号 ISBN 978-7-5047-6984-8/F · 3045
开　　本 889mm × 1194mm　1/16　**版　　次** 2019 年 8 月第 1 版
印　　张 9.75　**印　　次** 2019 年 8 月第 1 次印刷
字　　数 166 千字　**定　　价** 58.00 元

华夏基石管理评论

洞见企业成长规律 察觉创新变革真谛

全年四辑 总第五十一辑 华夏基石管理咨询集团 主编

华夏基石管理咨询集团知识与市场服务中心

服务电话(Tel)：010－58752828转817 13611264887

投稿邮箱：shangyl@chnstone.com.cn

网 址：www.chnstone.com.cn

地 址：北京市海淀区丹棱街3号中国电子大厦B座19层（100080）

主办

北京华夏基石企业管理咨询有限公司

China Stone Management Consulting Ltd.

CHINA STONE

INS

Preface
前言

最大的贫困是思维与认知的贫困

今年以来，明显感受到企业家们的焦虑与压力。企业传统模式受到新模式的挑战与冲击，新事物层出不穷：新科技、新制造、新零售、新能源、新金融、新产业、新生态……很怕瞬间落后于这个时代，又对极速变化的市场与产业发展新机遇看不明白。加之中美进入战略博弈期，贸易战烽烟再起。很多企业家的压力大于动力，感到心里没底。

面对种种全新变化，企业家该如何作为？我还是奉上一碗“老鸡汤”：做好自己比什么都重要，拥抱变化比什么都要紧。第一，做好自己，就是要回归长期价值追求，练好内功，做好产品与服务，以内在的确定性应对外在的不确定性，以不变应万变；第二，拥抱变化，就是要抬头看方向，洞察产业趋势，不拒绝新事物，在不变中求变，该变的要变，自我革命。

改变从企业家自己开始、从思维革命开始、从主动走出舒适区开始、从接触新事物开始。数字化与智能化不仅是一种技术革命，更是一种对世界、对社会、对组织与人关系、对人与人关系的认知与思维革命。尽管人类在工业革命以来的不到300年的时间里，创造了人类社会前所未有的财富，但不得不承认，我们对所处物质世界的认知只有5%，对新事物的认知是贫乏的。

最大的贫困是思维与认知的贫困。对企业家来说，认知与思维的革命还是要从经营管理的基本命题开始，即战略、组织、人才、领导、资源、运营。在数字化与智能化的新时代，企业家和企业要确立以下六大新思维。

战略生态化：要从基于经验曲线的连续性线性思维，转向基于未来不确定性洞见的生态战略思维。企业的战略要到社会化网络分工体系中去定位，从点、线、面、体四个方面去寻求生存和发展的位势。企业的战略选择不再是非对称性的、单一聚焦的战略选择，而可能是对称性的多选择、动态探索中的迭代聚焦。市场竞争也将不再是“零和博弈”，而是利他取势、共生共存的生态圈思维。

组织平台化：与战略的生态化相适应，组织日益扁平化、网络化、去中介化、去中心化、去威权化，平台化组织+分布式将成为主流的组织模式选择。平台化既是一种新经营模式，也是一种全新的组织模式。

人才合伙化：知识型员工成为企业价值创造主体，人力资本与货币资本的关系不再是资本雇佣劳动、剥削者与被剥削者的对立关系，而是相互雇佣、平等的合作伙伴关系。满足知识型员工三大价值诉求：一是剩余价值索取权；二是经营管理参与权；三是成就感。未来的主流人才机制一定是合伙机制。

领导赋能化：赋能式领导的主要特点是：从威权命令驱动到愿景与正能量引领；从老板高高在上决策、集权于一身，到老板深入一线洞察市场与客户，授权于一线决策；从以老板为中心调动资源、为一线赋能，转向平台化、多中心、多层次依据一线需求进行资源调配与赋能。领导就是指明方向，激发活力，组织赋能。

运营数字化：将数字化作为核心战略，进行数字化的转型，实现运营数字化，从经营市场到经营数据，是中国企业未来战略成长的一个必然选择。数据资产成为企业最大资产，海量的数据、算力、算法将成为企业新核心能力，企业的数字化转型将成为核心战略。

要素社会化：在数字化与产业互联时代，一切皆可连接、一切皆可交互，一切产业要素皆可社会化、皆可为我所用。产业的技术创新要素、人才要素、品牌要素、资本要素等日益社会化。企业要构建产业生态，一方面要开放合作，要将内在产业要素社会化，转化为社会化的共享与基础系统，另一方面要将社会化要素内部化使用，要开放合作，集聚社会化要素资源为我所用。

（完整内容详见本辑内文《认识组织的“六化”趋势，应对人力资源新挑战》）

马云：我是数字经济坚定的乐观主义者

阿里巴巴集团创始人

今天，很多人讨厌人工智能，但未来，如果没有人工智能整个社会就没办法运转。虽然在IoT（物联网）时代，设备入侵的问题很可怕。如果你想卖IoT设备，你的安全防护就得过关，否则就没人会买。所以IoT设备的安全问题，IoT设备厂商自己会想出办法来解决。问题会来，但解决办法也随之而来。

我是数字经济坚定的乐观主义者，从一开始，就坚信数字经济和平台的力量，这是世界实现包容性增长的好机会，世界需要数字技术方面的领导力。世界变化的速度肯定越来越快，会带来很多社会问题和不确定性，但没有人是明天的专家，政府、学界和企业需要一起合作解决问题，来帮助每个身处其中的人，去更好地面对这些不确定性和复杂性。此外，我们也需要在智慧的时刻，制定智慧的政策，不要用昨天的做法来解决明天的问题。

（选自2019年6月25日马云在研究机构“罗汉堂”组织的“数字经济时代关于人类未来的十大问题”研讨会上的讲话）

任正非：信息社会是合作共赢的，各国不可能孤立发展

华为技术公司主要创始人兼总裁

社会一定是合作共赢的，每个国家孤立起来发展，在信息社会是不可能的。在信息社会，一个国家单独做成一个东西是没有现实可能性的。所以，国际上一定是走向开放合作。只有开放合作，才能赶上人类文明的需求，才能以更低的成本使更多人享受到新技术带来的福祉。

华为五年内要投1000亿美元，对网络架构进行重构，从而使它变得更简单、更快捷、更安全、更可信，至少要达到欧洲的GDPR（欧盟通用数据保护条例。——编者注）的标准。如果财务受到一定的打击，科研的投入也不会减少，来完成对我们自己的改造，为人类贡献。

华为公司三十年发展，没有离开世界先进公司的合作和帮助。我们只有全球化合作，才能让更多人享受到科技发展的成果。

未来社会二三十年最伟大的推动力量将是人工智能，未来社会将越来越复杂，单体个人智力不能驾驭，有些确定性的工作会被人工智能替代，人工智能会为人类创造巨大财富。我们要宽容创新，不要吹毛求疵，才能迎来未来伟大社会。

（选自2019年6月17日任正非与美国学者乔治•吉尔德（George Gilder）、尼古拉斯•内格罗蓬特（Nicholas Negroponte）的对话）

张瑞敏：海尔在物联网时代继续着自我颠覆

海尔集团董事局主席、首席执行官

不破不立。想跟上物联网经济即将爆发的时代大势，企业必须颠覆原来传统的、经典的东西。只有踏准时代节拍，不断自我否定、颠覆的企业，才能在改革开放的时代浪潮中持续远航。

“自以为非”是海尔自创业以来一以贯之的企业文化基因和发展方向。一直奉行“没有成功的企业，只有时代的企业”的海尔在物联网时代继续着自我颠覆，从传统的只有一个战略目标的一元性企业，向拥有两个战略目标的二元性企业转型，不仅在规模与范围上做大做强，同时洞察未来时代走向——培养网络生态的竞争力。

二元性企业能紧跟变化的时代不断更新企业核心竞争力，具备“动态能力”，而只有“静态能力”的企业，会顺着现有的核心竞争力一直走下去，无数风云企业就这样被时代淘汰了，其兴也勃，其亡也忽，例如曾经的胶卷之王柯达。如《道德经》中所说：“万物负阴而抱阳，冲气以为和。”面对时代变革，企业应追求动态的平衡，不可能有静态的平衡。

能有颠覆自身的勇气，成为具备“动态能力”的二元性企业绝非易事。企业需要耐得住心，耐得住寂寞，因为我们需要韧性。

（选自2019年6月21日张瑞敏在正和岛“创变者”会上所做的“创世界级物联网模式”的演讲）

马化腾：数字化就是这个时代最大的公益

腾讯公司董事会主席兼首席执行官

数字化就像一艘巨轮，载着每个人、每个家庭、每个商业组织或社会组织，朝着从未涉足的深海驶去。这注定是一次希望和挑战并存的集体航行。从这个意义上说，数字化就是这个时代最大的公益。正是基于这样的认知，腾讯去年明确提出要做各行各业“数字化助手”的使命，并且为此坚定发力。

我们相信，数字化能提升政务水平，让科技“慧”及民生；面向传统产业，数字化能够推动转型升级，创造多元价值；数字化还为劳动者创造了更多更好的就业机会。

我们对数字化的动能坚信不疑，也始终保持着对科技伦理的深刻思考。我们希望，“科技向善”成为腾讯公司愿景和使命的一部分，并期待和业界共同探索构建数字时代正确的价值理念、社会责任和行为规范，共建一个健康包容、可信赖、可持续的智慧社会。

（选自2019年6月11日马化腾在《学习时报》上发表的署名文章）

华夏收藏

华夏基石

金代临汾窑黑釉油滴盏

杯中水，盏为最。在宋代油滴盏中，建窑烧造居首。后因斗茶之风盛行，北方一些窑口也开始仿制烧造，并且技术日臻成熟，烧制出不少油滴精品。此油滴小盏产于金代山西临汾，是极具代表性的窑变精品之一。临汾窑是北方古代著名瓷窑，旧时称平阳窑，是山西南部规模较大、烧造水平较高的重要窑场。据考，临汾窑瓷器烧制于元代，以烧制黑釉瓷器为主，同时烧制白釉、酱釉、白釉黑花等品种。油滴釉盏是临汾窑的代表作品，《中国古陶瓷图典》记载：『北方地区的定窑、耀州窑、鹤壁窑、临汾窑也发现过油滴结晶釉标本，以临汾窑为多』。

杯中水，盏为最。 在宋代油滴盏中，建窑烧造居首。后因斗茶之风盛行，北方一些窑口也开始仿制烧造，并且技术日臻成熟，烧制出不少油滴精品。此油滴小盏产于金代山西临汾，是极具代表性的窑变精品之一。临汾窑是北方古代著名瓷窑，旧时称平阳窑，是山西南部规模较大、烧造水平较高的重要窑场。据考，临汾窑瓷器烧制于元代，以烧制

黑釉瓷器为主，同时烧制白釉、酱釉、白釉黑花等品种。油滴釉盏是临汾窑的代表作品，《中国古陶瓷图典》记载：“北方地区的定窑、耀州窑、鹤壁窑、临汾窑也发现过油滴结晶釉标本，以临汾窑为多。”

此盏器型端正规整，敛口，深腹，小圈足；圈足、足底无釉，显露出坚实细腻的胎骨，修足规整，内足壁浅，基本同圈足底部在同一水平面上。通体则施丰厚的黑釉，釉色漆黑，幽深莹亮，布满银灰色细密的釉滴状结晶，如釉滴点点泼洒。黑釉色泽深沉悠远，油滴斑点遍布器物全身，均呈现金属质感，随光线角度变化可产生金色、银色或蓝色光晕。

油滴盏，是宋代黑釉瓷的特殊品种之一，特点是在乌黑的釉面上呈现银灰色金属光泽的小圆点，状如夜空的星辰，又似一滴滴晶莹的油珠，十分美丽。油滴清晰闪亮，在注茶后随汤而熠，心随影动，顿觉时空变换，古乐空灵，茶香袅袅，与文人墨客争相趋雅避俗。

宋代以后，饮茶一直被士大夫们当成一种高雅的艺术享受。黄庭坚所作《品令·咏茶》词中有句云：“味浓香永，醉乡路，成佳境。恰如灯下，故人万里，归来对影，口不能言，心下快活自省。”历经时光的雕琢和禅心的滋养，小小茶具亦有灵性，得遇有缘人，方可承载历史人文!

饮酒要有酒友；饮茶亦须茶伴。酒逢知己，茶遇识趣。若有佳茗而饮非其人，或有其人而未识真趣，亦是败兴。手持此盏，遇其人，识其趣，暂放手中繁俗，品赏佳茗，与君共酌，清杯慢盏，偷得浮生半日闲!

（藏品来源：递美在线）

目录 CONTENTS

本期专题

今天，我们怎样拼搏奋斗？
——企业打开拼搏奋斗文化的正确姿势

变革实践

聚焦HR

阅读·分享

INSIGHT

本期专题

今天，我们怎样拼搏奋斗？

——企业打开拼搏奋斗文化的正确姿势

《洞察》“3+1”论坛第27次活动

发言嘉宾：

杨　杜　中国人民大学商学院教授，华夏基石集团领衔专家

姚　宇　中设设计集团副总裁

丁　嵘　中设设计集团人力资源总监

张建国　上海人瑞集团创始人、CEO，华为首任主管人力资源副总裁

彭剑锋　中国人民大学劳动人事学院教授、博士生导师，华夏基石集团董事长

特邀主持：

张小峰　华夏基石集团高级合伙人

策划/文字编辑：

尚艳玲　《洞察——华夏基石管理评论》主编

新闻图片摄影：

李晗　中国财富出版社编辑

开场语

国内外经济学家普遍认为，改革开放加人口红利是中国经济过去40年持续增长的重要原因。国外有些观察家更是把中国的经济奇迹称为“勤劳革命”，正是中国人的勤劳与奋斗，推动中国用几十年时间走完了发达国家几百年走过的工业化历程。但他们也同时发出疑问：中国人还能拼多久？

起因在于不久前中国社会各界热议的“996”工作制。关于“996”工作制的争议，很大程度是由于模糊了工作时长和拼搏奋斗的概念，把拼搏奋斗等同于超时工作或者等同于强制加班。最终，这场争论平息于人民日报发声“崇尚奋斗，不等于强制996”。

拼搏奋斗是一种自强不息的精神、一种积极进取的信念、一种勇于担当的责任、一种孜孜以求的态度，绝不简单是一个时间概念，更不等同于延长工作时间。正如人民日报评论中指出的，“今天，从梦想改变命运的个体，到在经济下行压力背景下负重前行的企业，再到我们这个正在进行复兴冲刺的民族，都仍然需要奋斗精神、需要艰辛劳动。拼搏奋斗，仍将是我们这个快速前进社会的主题词。”

对中国企业而言，目前一方面要承受经济下行、劳动力成本上升的压力，另一方面也处于从资源型驱动到人才与创新驱动、谋求品质发展的转型升级关键期，激活人才的价值创造的激情与活力、激发拼搏奋斗精神，实现企业跨越生命周期持续成长，仍是企业文化建设和人才管理的主旋律。

但企业也必须正面一个现实，那就是经济社会发展到今天，劳动者，尤其是年青一代的劳动者更要求“有价值的工作”与“美好生活”的平衡，物质的高需求与精神的高需求并存。这给企业的管理带来了新挑战：如何既要依靠员工的汗水，更要激发员工的灵感；既要让员工努力工作，更要激发员工高效工作；既要满足员工的工作成就感，更要让家人的陪伴、身体的健康、意义的饱满也成为工作的奖赏。

今天，企业究竟该如何拼搏奋斗？

主题发言

一、今天我们怎样理解拼搏奋斗

中设设计集团：我们不提倡无谓的拼搏，而是有价值的创造

姚宇：客户价值和品质追求促使我们建设拼搏者文化

姚宇
中设设计集团副总裁

今年，中设设计集团提出塑造拼搏者文化，并成立文化小组，董事长任组长，我被任命为副组长兼文化推进办公室主任。

中设设计集团（以下简称“中设”）目前有近5000名员工，基本上是高校毕业后直接来集团的专业人员，2018年的营业收入40多亿元。中设设计集团原为江苏省交通厅下属企业，2005年改制为全民所有制企业，2014年上市。经过近六十年的发展，集团形成了以规划、交通、水运、城建、铁道、环境与智能、工程管理与检测七大业务板块为引领的全行业、多领域融合发展的战

略格局，可提供从战略规划、工程咨询、勘察设计到科研开发、检测监测、项目管理、专业施工、后期运营等全寿命周期的一体化解决方案。

为什么在今年提出拼搏者文化建设？与几个背景有关。

一是外部环境的转变。多年来，基础设施行业快速发展，信息技术、大数据、人工智能等带来深刻影响，外部环境发生很大变化。2014 年，中设成功上市，在资本市场上得到更多的推动。

二是企业内部的转变。在原来快速发展的过程中，中设也面临着一些问题，现在改革进入深水区，从高速发展转向高质量发展，外部的机会“红利”越来越少，我们希望企业平台化，确定新的定位，变成内在系统的生长。以前我们主要做设计，现在转向以设计为主的工程公司，做行业里顶尖的工程咨询公司，战略目标很明确。

三是人的变化。十几年前，中设是事业单位，不太在意有没有业务，把领导交办的事情完成就可以了，那个时候是工程师文化。2004 年以后变成市场驱动，讲的是效益、指标，规模的增长，特别是近几年，每年保持 30% 左右的增长率，所以叫市场文化。现在我们提出拼搏者文化，希望从客户导向的维度，回归企业本质，踏踏实实把产品做好，为客户提供更高的价值，实现基业长青、生生不息。

总的来说，中设拼搏者文化建设的缘起是“两个方面、两个核心”。一方面是市场需求；另一方面是企业的战略发展需求。一个核心是让客户满意，客户的背后是整个社会；另一个核心是持续创造价值， 除了产品和服务，还要提升效率效能，让客户获得高品质产品，让股东拿到业绩回报，让员工拿到物质利益，实现个人的价值提升。

拼搏者文化建设现在才刚刚开始，还处于统一认识的阶段。实践下来也发现一些问题，出现不同的声音。比如，有人怀疑在今天这个时代是不是还需要提倡拼搏者文化；还有人认为这是不是在开展运动、集团推一推很快就会过去，等等。这些都是需要在拼搏者文化实践中回答的问题。

丁嵘：我们不提倡不创造价值的拼搏

丁嵘

中设设计集团人力资源总监

> 拼搏奋斗的精神是永恒的，只是要讲方式方法。

文化是一个企业内在的基因，中设设计集团从 2005 年改制到 2014 年上市，从二三百人到近五千人的规模，从营收几亿元到几十亿元，是一代代中设人拼搏奋斗的结果。

我们怎样看待拼搏奋斗文化？

第一，拼搏奋斗的精神是永恒的，只是要讲方式方法。我们不提倡无谓的拼搏，一定要有价值的创造，不强调无限延长劳动时间，而是基于客户需求，为客户创造更高价值的拼搏奋斗。

第二，价值观的认同更重要，即主人翁意识。有了主人翁意识，就可以把公司的发展、个人的发展、客户的发展融合在一起，把客户的满意、企业的绩效、个人的品质和管理者的行为统一在一起。

第三，拼搏的机制。天生自驱动性强的主动拼搏者并不是特别多，但我们公司自身有很强的自驱动力。在考核机制上、行为标准上把员工的被动奋斗变为主动奋斗，把盲目拼搏变成有智慧的拼搏，并成为中设设计集团长期发展的一种内在驱动，我们有这种文化基因。

彭剑锋：拼搏奋斗时代新内涵
——快乐拼搏，快乐奋斗

彭剑锋

中国人民大学劳动人事学院教授、
博士生导师
华夏基石集团董事长

“今天讲拼搏奋斗，要回归对人的尊重上来，首先要尊重和保障人的身体健康。”

我非常赞同中设设计集团在这样一个发展阶段，旗帜鲜明地提出拼搏者文化，而且正在把拼搏者文化变成企业文化和行动纲领，这在人力资源管理和企业文化建设方面是一大创新。

实践是我们最伟大的老师，拼搏者文化、奋斗者文化都来自实践，并不是来自学者的创造。企业界类似的提法还有以华为为代表的奋斗者文化，以及在餐饮企业中提倡的勤奋者文化。

拼搏与奋斗都要基于价值创造

拼搏者文化与奋斗者文化有什么不同？

我认为，拼搏者文化指向的是，企业“革命尚未成功”，还没有解决基本生存的问题，还需要拼命去“攻山头”“占地盘”。这种条件下，只有比别人付出更多、比别人更拼搏，“狭路相逢勇者胜”，才能获得生存权。对一个处于高速成长的企业来说，拼搏者文化更有针对性。

奋斗者文化指向的是，企业已经功成名就，成为行业领袖，就像华为一样，已经进入了“无人区”。华为不是从创业初期就提出奋斗者文化的，而是在 2010 年才正式提出来，那时华为已经是世界 500 强企业，是中国通信业第一、世界前三。企业成为行业领先者，就会面临要不要持续奋斗的问题。如果不持续奋斗，整个组织就会懈怠，没有变革精神，成为“不思进取的鱼”，会被“游得快的鱼”吃掉。所以，当华为成为世界级企业的时候，明确提出要持续艰苦奋斗，要以客户为中心。

如果说这是二者的区别，那么相同的是什么？**从企业的角度讲，不管是拼搏者还是奋斗者，都是基于价值创造。基于持续为客户创造价值，基于持续为股东创造价值，基于持续为员工的发展成长提供机会和舞台，基于企业的持续生存和发展，最终推动企业的基业长青。**

只要市场存在竞争，拼搏奋斗就永远存在。没有哪个企业不拼搏、不奋斗，坐享其成、不思进取，就能在市场竞争中脱颖而出。只要参与市场竞争，不拼搏、不奋斗肯定会被淘汰。虽然现在谈生态、谈和谐，但是最终市场经济的本质离不开竞争，只要参与竞争，就必须“强身健体”，必须比别人付出更多。从这个角度讲，拼搏、奋斗实质上是企业参与市场竞争的必备精神、必要条件。

拼搏奋斗不等于牺牲身体健康

整个社会发展到今天，拼搏和奋斗的方式要发生变化，要对拼搏者和奋斗者在不同的发展阶段赋予不同的含义。拼搏精神与奋斗精神是永恒的，但是怎么拼搏、怎么奋斗，这是方式方法。在不同企业的不同发展阶段，在不同的社会文化背景下，可能是不一样的。

早年一无所有的时候，拼搏者、奋斗者在最艰苦的地方，天天加班，不顾身体去拼命，哪怕牺牲生命。到了今天，在拼搏奋斗的同时，我们要合理加班，有智慧地奋斗，不能蛮干、苦干，要巧干、智慧地干。

今天讲拼搏奋斗，要回归对人的尊重上来，首先要尊重和保障人的身体健康，在某种意义上，现在不鼓励以牺牲身体健康为代价的拼搏奋斗。很多人追求工作、生活平衡，追求既持续创造价值又保持身体健康，这是最好的方式。

在华夏基石做咨询，既是高强度的脑力劳动，也是体力活儿，常年奔波在全国各地，各个行业企业，很累很辛苦。我们那群有着高度自驱力的合伙人经常讲要“快乐拼搏，快乐奋斗”。

衡量所谓的“996”工作制也是如此。如果“996”工作制并没有让一些人不快乐，那就无所谓，但如果让人感觉很痛苦，那就不要去做了。如果是被别人驱动着不得不做，短期可以为了目标妥协，但从长期来看，还是要靠自驱动，企业能做的还是调动人的积极性、自驱动性。

前不久我在欧洲连讲了3天课，按说是很累的，但是我却越讲越兴奋，为什么呢？因为我把华人企业家的情绪全调动起来了，使他们受到感染，那我也就有成就感。有了成就感就不觉得连讲3天课是痛苦的，而是很快乐。我在大学任教30多年了，也是如此，跟一拨一拨的年轻人打交道，看着他们成长，始终是充满新鲜感并且有成就感的，不会觉得是一件痛苦的事情。

所以说拼搏奋斗一定要基于价值创造，不创造价值的拼搏奋斗叫傻干。拼搏奋斗一定要基于自驱动，拼搏奋斗的过程不能是一个感到痛苦压抑的过程，即使到最艰苦的地方去，也要很快乐，快乐最重要。

奋斗者的代表群体我认为是企业家。比如任正非就是一个奋斗者。任正非很伟大，读书很多，视野很开阔，天下大事尽收眼底，70多岁了，但他的洞察力、判断力，年轻人都比不过。2019年他几次接受媒体访问时，很多话说得恰到好处又很透彻，用词绝妙，你不得不服。这需要有学习能力，有自我批判精神，有很强的底气。

还有我非常欣赏的企业家何享健，我认为他做到了工作和生活的平衡，把企业大权交给方洪波后，有更多的时间去打他喜欢的高尔夫球了。这与他的胸怀、境界有关系，不留恋权力，充分信任继任者。

我不太赞成企业家把企业做成功了，健康做没了；我也不太赞成企业家把企业做成功了，却牢骚满腹，觉得自己受了很多苦，经历了很多磨难。拼搏者、奋斗者是从来不抱怨的，是苦中作乐。苦都是自己找的，本身就是以奋斗为快乐。

据我的观察，以奋斗为快乐的人，往往寿命很长。中国人民大学的第一批一级教授中，最年轻的89岁、最大的96岁，他们有的还在讲课、写文章。人要持续奋斗，只有持续奋斗才能激活身体所有的细胞，才会始终保持着生命激情。我一直认为，奋斗精神比身体上的劳累辛苦更重要，持续奋斗的精神是永恒的。

杨杜：从个人、时代、环境三方面看待奋斗

杨杜

中国人民大学商学院教授
华夏基石集团领衔专家

“从时代来说，一代人有一代人的责任和活法，从环境来说，竞争产生奋斗，但具体到个人层面，奋斗不奋斗还是自己的事情，主动选择的奋斗，才会产生快乐奋斗。”

我很赞成中设设计集团提出拼搏者文化。有关拼搏奋斗，我想从个人、时代和环境三个方面谈些想法。

个人层面：理想人生应是先逆后忙再闲

从个人层面上来讲，拼搏奋斗不是一个理论，而是一种行为，是说的话、做的事，面色上所展现出来的精神状态。

历史式的拉长了看，才能让赞成和不赞成拼搏奋斗的人找对自己人生中阶段性的定位，这和个人精力、身体素质相关。

中国有句古话，叫“少年经不得顺境，中年经不得闲境，晚年经不得逆境”，说的是小时候生活太顺，没经过磨炼，长大以后就很难承受挫折；到了中青年就要勤奋忙碌起来，整天游手好闲，懒散惰怠的话人就毁了；进入老年就不能再磕磕绊绊，犯错误。这就是提醒人们在不同的人生阶段去经历不同的状况。我们把顺境、闲境、逆境这“三境”换句话说，即少年不惧逆境，中年争取忙境，老年享受闲境。

青少年时期应该是准备拼搏、准备奋斗的，通过努力学习提升自己的知识、能力、素质，准备走向社会。到了中青年，进入社会各种各样的

竞争环境中，就要有责任感，要养家糊口，如果这时候还不拼搏奋斗，就不能证明自己，不持续奋斗，就不能积累资本，结果就基本会应了另一句古话“三十不豪，四十不富，五十将近寻死路”了。到了晚年，就应该退居二线，让别人去奋斗拼搏，而不是自己冲到前面当英雄；老年人要为青少年、中年人提供平台、提供机会、提供助力。

准备奋斗、持续奋斗、让人奋斗，这既是人生成功的三个阶段，也是一个企业持续成长的三个阶段——创业、成长和成熟。

时代因素：做所处时代应该做的事情

从历史上来看，拼搏奋斗跟年龄其实没有多少关系，甚至跟你的意愿也没关系。不管你认同不认同，奋斗不奋斗，每个时代里都有人在拼搏奋斗。

从中国近现代史看，20 世纪的前半段，“40 后”以前的中国人是在流血、流泪的拼搏奋斗中过来的，那时候不是你要不要拼搏奋斗的问题，而是只有拼搏奋斗才能不落到家破国亡的悲惨境地，只有拼搏奋斗才能把国家、把家园建设起来。“50 后”到“70 后”的一批人，赶上了改革开放，是流汗、流浪地拼搏奋斗，待在原来的单位和熟悉的家乡就没什么机会，追求奋斗的人们四处谋生，抛家舍业到有活儿干的经济特区、沿海城市去，即便条件艰苦，薪资微薄也没日没夜地干，有能力和抓住机会的人就成了先富起来的那部分人，成了成功的企业家。再往后，“80 后”到新一代“00 后”这代人，他们的机会就更多了，不再固化在一个公司和一个地域，不断地跳槽甚至闪辞，不断地创业失败、再创业。他们的奋斗不是年龄问题，甚至不是致富问题，而是“从心而欲”的流动，跟着自己的价值判断和心情走，是寻求“知识的价值化”的流知一代。

一个多世纪里，中国经历了天翻地覆的变化，经历了从流血流泪，到流汗流浪，再到流动流知的不同奋斗。一个人生在哪个年代，就要做那个年代应该为之奋斗的事情。

环境因素：奋斗是竞争环境逼出来的

讲一个小故事，去年我跟一个公司的老板聊工作，聊到很晚，公司司机一直在外面等，送我回去的时候，我说：“实在抱歉，让你等到这么晚，这活儿不好干啊。”司机说：“杨教授别客气！我要不干，肯定会有人干。”中国人多，总有想干和想挣钱的人，你不想干随时会被别人所替代，所以说，奋斗精神和行为也来自环境压力，也是竞争出来的。

机会相对来说是有限的，你不抓住，那就是别人的了。企业也是一样。

我们来看看竞争环境因素下，企业会产生哪几类拼搏者、奋斗者。

第一是干部。一是因为干部承担更多的企业竞争责任；二是由于职位相对较少，干部比一般员工的竞争也更为激烈。

第二是拼搏奋斗型的员工。他们自驱力强，有进取心、有抱负，闲着就很难受，这样的人有机会提拔为干部。

第三是股东。这部分人应该再界定，有的是拼搏奋斗者，有的不是。股东中有专门吃利息的，有上市之后抛掉解禁股票走人的，也有继续奋斗的，情况复杂。

第四是客户。他们有不断变化的需求，逼着公司员工不得不拼搏、不得不奋斗。

第五是合作者。优秀的同伴让你优秀，你想要与更优秀的合作者合作，那你就必须把自己变得更优秀。

第六是竞争对手。假定在产业空间不变的情况下，竞争对手跑得更快，你的份额就会被蚕食，这时候不是干不干，想不想的问题，而是活不活的问题。

虽然从时代来说，一代人有一代人的责任和活法，从环境来说，竞争产生奋斗，但具体到个人层面，奋斗不奋斗还是自己的事情，主动选择的奋斗，才会产生快乐奋斗，产生奋斗的幸福。被外界各种因素强制的奋斗，不就成“劳改”了么？拼搏奋斗一定来源于自我驱动。

二、企业如何正确地建设拼搏奋斗者文化

彭剑锋：不要让拼搏奋斗者吃亏

在企业里建设拼搏奋斗者文化有两层意思，一是判别拼搏奋斗者，即什么样的人叫拼搏者、奋斗者，要有一套标准；二是制度机制的设计。

四个标准判别拼搏奋斗者

如果给拼搏者、奋斗者定个标准，我认为有四个标准。

第一个标准是使命驱动，拼搏奋斗的快乐来自使命驱动，再加上天赋，天生就是一个自驱动的人，就会有激情，就会快乐。

第二个标准是能提出挑战性目标，不断挑战自我，实现自我超越，达到一个目标又提出一个新的目标，给自己提出更高的要求。拼搏者、奋斗者都是自我要求很高的人，对自我要求不高的人是“差不多主义”，只有拼搏者、奋斗者才给自己不断加码，不断挑战新的目标。

第三个标准是有自我批判精神，不会自满，不会自大，也不会自我膨胀。我非常欣赏任正非的地方是他能把姿态放得很低，即便他已经功成名就了，这体现了他的底气和信心。可以说，拼搏奋斗者从心态上来讲是一种快乐拼搏、快乐奋斗，永无止境，能够自我批判。

第四个标准是超常付出，先付出再讲回报。做什么事情，想要做好做成功其实都需要拼搏奋斗，都需要超常付出。拼搏者、奋斗者必须要付出，要有奉献精神，但是超常付出并不是简单的加班文化，用加班制度约束大家被动“拼搏奋斗”不是真正的拼搏奋斗。自我驱动，

自我拼搏奋斗，先付出再讲回报，而不是先谈回报再付出，这是拼搏奋斗者很重要的标准。

要让拼搏奋斗者能脱颖而出

作为一个企业来讲，中设、华为都提出了拼搏者、奋斗者文化，实际上是创造了一种机制，使得拼搏者、奋斗者能够脱颖而出，能够获得更高的成就感。

如果一个企业没有拼搏奋斗者文化，那些拼搏者、奋斗者就没有成就感，其行为就得不到赞赏。我们常说“向雷锋学习，但是绝不让雷锋吃亏”，要形成“好人不吃亏，坏人不得志”的拼搏奋斗者机制和文化，核心是建立健全一套拼搏者、奋斗者评价标准，让那些不愿意持续奋斗、不愿意持续干下去的人淘汰出去，使那些有奋斗精神的人、愿意为公司多付出的人能够脱颖而出，得到更高的评价，更好的机遇、待遇和发展前景。

从个体角度来看，拼搏奋斗与否其实和人的性格天赋有关。简单地划分一下，企业最常见的有两种类型的人，一种是被驱动型，需要在别人安排下、用规则约束着干活儿，他不是不干活儿，而是被动地干活儿；一种是自驱动型，就是他能主动安排活儿干，自己给自己设定目标，所谓“不待扬鞭自奋蹄”。

所以，企业选对人比培养人更重要。企业用人，第一选有拼搏奋斗精神的人，第二选有价值创造能力的人，这两点非常重要。

一个组织中的人，首先要志同道合，你的兴趣、自驱动就是想拼搏奋斗，就是一个正能量的人、快乐的人，那你就来；如果是那种天天抱怨的人，你就别来，免得破坏组织氛围。在这个基础上，你必须要有能力，要能够创造价值，有的人愿意拼搏奋斗，但是没有创造价值的能力也不行。

现在要特别强调拼搏者、奋斗者的能力建设。过去的拼搏奋斗者形象，往往过于强调比别人付出更多时间、更能拼命，但到了现在这个阶段，要通过组织变革提高人均效率，提高创新与科技含量，提高整个人力资本的价值创造能力。这是中国企业下一轮人才驱动最重要的地方。只有比别人更有智慧地工作，更有专业能力地工作，更有效率地工作，才能赶超别人。

现在企业新的战略转型面临的最

大问题是知识能力跟不上、人才素质跟不上。这就是为什么任正非面对媒体采访时，不谈华为的问题，而是谈教育问题，芯片的问题就是一个教育的问题，钱要花在科学家身上、花在老师身上，如果老师自己活得“灰溜溜”的，没有自信和尊严，又怎么能教育好学生呢？同样的，要使拼搏奋斗者脱颖而出，绩效价值取向要转型，要建立让拼搏奋斗者脱颖而出的绩效价值导向，才能把拼搏奋斗者选拔出来，让拼搏奋斗者得到回报。

杨杜：理解人性，用价值衡量奋斗

理解人性：价值观、人生观、苦乐观

任何一个组织里一定有不太奋斗的人，要不然也看不出奋斗的人来。如果企业需要奋斗的人，就去找来这样的人，所谓选人比培养人更重要，培养人是需要成本的，而且人的价值观是很难通过教育改变的。有的人就觉得只有拼搏奋斗才能感到安心、感到快乐，有的人则完全不这么认为，背后就是价值观的不同。

价值观不同是性质的不同，有些价值观是不可通约的。奋斗和不奋斗都是价值观，一般很难改造。企业只能通过建立奋斗的机制，迫使员工从不奋斗的价值观转为奋斗的价值观。

苦乐观也是难以通约的。拼搏奋斗是苦还是乐？人和人的感觉不一样。有的人闲着就难受，有的人想方设法偷懒，这就是苦乐观不一样。

每个人的人生观也是不一样的，即对人生下来是来干什么的认知不同，就会做出不一样的选择。比如杜富国的事迹让我很感动，他在中越边境担当排雷任务，在危险状况面前让战友退后，自己上前，不幸失去了双手，眼睛也失明

了。这是牺牲精神，是高于拼搏奋斗的精神境界。

选择做个什么样的人，喜欢安逸生活还是拼搏奋斗，能不能快乐地拼搏奋斗，这和每个人的人生观、苦乐观、价值观有关系，是不太容易被扭转的，尤其是在企业里。

一个人做什么事都会有个动机，那么，人为什么会拼搏奋斗？我认为大致有四个方面原因：一是为财富、为权力、为名望奋斗，这是最基本、最世俗的。二是为公司、为家庭、为胜利奋斗。三是为职责、为使命奋斗，比如战士上战场、教师上讲台是职责，党员为组织、为国家是使命，必须完成。四是为爱好、为幸福奋斗，幸福是奋斗出来的。

不管是为了什么而拼搏奋斗，都要站在“人生是自己的，价值是体现在社会上的”立场上。但是，拼搏奋斗的“姿态”要不断进步：先是勤劳奋斗——延长劳动时间，提高劳动强度；然后是有效奋斗——找对方法，不断改善，提高劳动的产出效率；最后是让自己能够借势、借力，通过领导和管理实现目标。

对企业来说，要理解人的价值观、苦乐观、人生观是有层次的，人的行为背后又是有动机的，这都是人性。只有理解了人性，才能充分尊重人性，从人性出发思考和实践拼搏奋斗文化。

> 只有理解了人性，才能充分尊重人性，从人性出发思考和实践拼搏奋斗文化。

拼搏奋斗的价值来自算账

人有太多目的，每个人选择适合自己的就可以。对于组织来说，也要选择适合的人进来，要让拼搏奋斗者创造价值，也要让他的拼搏奋斗有价值。

拼搏奋斗的价值来自算账。拼搏奋斗者文化概念的背后一定是数学逻辑。

但我认为企业不要去评价一个人的动机、年龄、身份，甚至不要太评价他的股权，要评价的是这个人的言论和行为转化成了多少被客户认可的价值。比如，企业可以计算一下利润表，签了多少单子、创了多少营收，减去各种费用，就是为公司创造的附加值。这些附加值又有多少用于企业未来的持续发展。一个员工为客户做了什么，同时为企业贡献了多少，这就是要衡量的拼搏奋斗的价值。

然后要和同行比，找到相应的衡量尺度，才知道拼搏奋斗者为客户创造的价值是否超过了竞争对手。拿中设设计集团来说，如果按照 5000 人、40 亿元营收计算，人均营收接近 80 万元。如果这是奋斗的结果，把员工放到别的地方去，他会高于还是低于这个结果？对个人来说，也会算一笔账：我在你这里创造了多少价值，得到了多少回报。

奋斗价值的高和低，按人均算就会比较简单。客户给了公司多少钱，公司给了员工多少钱，是不是比业绩结果更高的薪酬，再跟同行业比一比，就可以衡量拼搏奋斗的价值和相对价值了。有价值的奋斗一定是为客户的奋斗，一定是有贡献的奋斗。这样，企业就可以决定到底要鼓励哪种奋斗行为和奋斗者。

当然，不一定只算财务价值账，还可以算组织价值账。同样一个设计方案，一个人去提交可以产生溢价，另一个人就不行，溢价出来的东西就是超额利润和超额价值，与设计人员、营销人员、市场人员等都有关系，要知道是谁能做这样的事。华为叫“刨松土壤”“占领战略制高点”“备胎”，不是计入当期利润表的，但这是有未来价值的重要工作，可以得到评价拼搏者和奋斗者价值贡献的一个结果，价值衡量就有了落脚点。

一个人加班加点是拼搏、奋斗行为，这会体现组织活力和氛围，但还得看行为的贡献、看回报。一定要量化算账，只有这样，才有奖励、激励拼搏者、奋斗者的科学依据。

此外，从需求层次来讲，公司里一定有人挣够钱了就懈怠了、不奋斗了，那就必须再给他设定一个挑战目标，让他有危机感、饥饿感，持续奋斗。

保持人力资源的活力曲线

企业的人力资源分布一般是偏正态分布。一个比较有活力的组织应该符合韦尔奇的“二七一”活力曲线。即跑在最前面的 20% 是能力强、业绩好的，一定是拼搏者、奋斗者，中间的 70% 跟着前面的 20% 跑，其中一部分人会跑到 20% 中去。有了这样的组织氛围和队伍后，跟不上队伍的后面的 10% 就会被淘汰掉。

拿中设设计集团来说，算好了账后，就可以依据两个指标“横竖各切一刀”。横切一刀是看他是否认同拼搏奋斗者文化，竖切一刀是看他的价值贡献大小，对于不认同拼搏奋斗者文化、又没有业绩贡献的，就可以“切掉”。否则不但会破坏整体氛围，还容易出现腐败问题。

华为就是这样，做新员工培训时，一些员工经过了解发现相互不合适，就会选择走人；还有一些人留下来但没干出业绩，就会被淘汰，总体上就是淘汰 10% 左右。因为在一支队伍跑步前进过程中、在和同行赛跑过程中，如果没有竞争淘汰机制，队伍的整体中心线就会靠后，就会跑不过同行。

在实际操作中，前面的 20% 还可以再细化。最前面那 2% 的人中可能有想自己当老板的，或者认为怀才不遇的，公司很难留得住，愿意走的不要强留。剩下那 18% 的人，一定要玩儿命维护住，一定要有所谓的不公平倾斜，给够他们超过行业平均水平的待遇，特殊人才可以给几倍的待遇，不能小气，这是有贡献的拼搏奋斗者应该得到的回报。华为就是用这种向真正的奋斗者倾斜的机制，使得 A、B+ 和 B（待遇级别）都在 70%~80% 这群人里。成功的奋斗者占比高了，后面跟着跑的就会军心稳定，敢于冲锋。

一个组织不能让多数人是失败者，如果多数人是失败者，成功者就会被孤立。一定要有可操作的评价分配方案，合理的价值分配方案，才能促进高效的价值创造。是否建立起合理的价值评价分配机制，衡量标准就是看调动起来的人数和比例是多少，是否形成了奋斗者吸引奋斗者、奋斗者激励奋斗者的氛围，唯有如此，才可以帮助企业跑得更快、跑过同行。

张建国：机制牵引，建设身心健康的奋斗者队伍

张建国

上海人瑞集团创始人、CEO
华为首任主管人力资源副总裁

1996 年、1997 年的时候，华为新员工培训专门提出了一个企业文化议题——“学雷锋，不让雷锋穿破袜子”，这是非常典型的华为的奋斗者价值观。对员工来说，首先要奋斗，要学雷锋，同时企业也不能让奋斗者吃亏，不能让奋斗者穿“破袜子”，只有这样奋斗才有可能持续。一个人如果满怀热情地投入工作，最后没有得到相应的回报，他的积极性肯定会受挫。所以对企业来说，重要的是创造一个奋斗的机制。

> “尽管开始时可能很多人是被动奋斗、是假奋斗，但假奋斗一辈子就成了真奋斗，这就是企业管理的价值所在。”

假奋斗一辈子就成了真奋斗

员工中，有主动奋斗者，但大部分是被动奋斗者。他们并不是为奋斗来的，而是为生活来的，为一份工作来的。

自驱动的奋斗者一般来说是比较少的。一个人没有钱的时候，看不出来他是主动奋斗还是被动奋斗，当有了足够的钱以后，还是选择去奋斗，那就是自驱动的奋斗者，这是衡量二者的一个标准。一个企业如果创造一种机制，使被动者产生奋斗行为，就能让更多的人愿意去奋斗。

华为当时创造这套机制，更多的就是让原来不怎么爱奋斗的人变得愿意奋斗。为什么？因为谁都不想穿“破袜子”，当公司可以给一双“好

袜子”时，他的行为就变成了奋斗，这是靠一套机制去牵引的。

当已经有“好袜子”穿了，还能继续奋斗吗？就要看有没有更有价值的东西吸引他，比如职务的提升、更大的责任、相互比拼的文化等，都是激发奋斗的动力所在。在这种机制下，尽管开始时可能很多人是被动奋斗、是假奋斗，但假奋斗一辈子就成了真奋斗，这就是企业管理的价值所在。这种机制不仅是文化和口号的宣导，更像是一个机器，把人才不断生产出来。

企业不要去管他奋斗的动机，只需要关注奋斗的行为，以及这个行为是否可以创造更多的价值就可以了。

现在的企业不能要求一个人一辈子在一个地方工作，要“不求人才所有，但求人才所用”。特别是年轻人，换工作很正常，企业不要去管他奋斗的动机，只需要关注奋斗的行为，以及这个行为是否可以创造更多的价值就可以了。选择用人时，要让一部分人愿意跟着公司走，并尽可能留住这些人。

华为当年选人时有这么几条不成文的规定，叫“父母亲戚当官的不要，邮电局出来的不要（因为很多是客户），长得太帅太漂亮的不要”，就是从用人源头筛选能跟着公司艰苦奋斗的人。同时建立了包括“华为基本法”在内的一套机制，把知识变成资本。华为八九成的员工都有期权，包括一部分司机也有，这样员工可以获得更大的利益。而要获得更大的利益，就得不断奋斗，因为期权每年都会重新分配。

最根本的是机制设计

公司的人力资源机制里，要激发20%~30%的优秀人才，他们是第一梯队，要使他们的收入水平不止比别人高一倍，而是高出六七倍。这些人对公司业务的驱动、业绩增长做了非常大的直接贡献，给公司创造的价值远远高于其所获得的奖金。换句话说，奖金拿得越高的人，对公司的贡献越大，对这部分人的激励机制很重要。

第二梯队是中间40%左右的人，他们的工作大部分人都可以做到，但还是要靠一套机制牵引，使他们的贡献和待遇很好地结合起来。对大部分人来说，不能只喊口号，最根本的问题是机制设计，通过机制牵引奋斗行为，保障奋斗回报落实。

第三梯队的人员，即20%~30%的人要实行末位淘汰制，甚至可以硬性淘汰。有一段时间，华为硬性要求5%的末位人员下岗，到生产部劳动锻炼，每天向市场部汇报，经过3个月的考察，如果觉得自己的水平够了，可以重新在内部应聘，如果受不了就走人。当时华为内部流行一句话，叫“5%的落后分子推动公司前进”，因为大家都怕成为这5%的人，所以就努力上进。可见，淘汰机制很重要。

人力资源上要区分出来优、中、差，在制度上要不断驱动一部分员工，或者淘汰一部分员工，形成内部的竞争机制非常关键。企业最开始的时候，招聘往往比较盲目，优秀和淘汰的比例不可控。到了一定的程度，选人比培养人更重要，尤其要成为行业的领先者，必须靠自己去选择有素质的人。

人瑞集团在招人时会重点抓住3个关键词：气质、素质、态度。气质说的是气味相投、文化特质雷同的人；素质说的是综合素养和逻辑思维，主要考察的是他的积淀和学习能力；态度说的是意愿，这份工作是不是他想做的，是否符合他的性格特征和兴趣特点。特别是对中高层管理人员的招聘，不能因为觉得这个人过往表现很优秀，就赶紧把人“忽悠”进来，结果往往是双方都很痛苦。应该一开始就把这个岗位上的困难、压力讲清楚，让他自己思考是否愿意来工作，如果真的愿意，到岗后信心就会比较强。一个人做这件事情的意愿和驱动力，能不能跟这个岗位给他的东西相符，这点非常重要，也是人瑞集团这几年创业过程中的一个很重要的经验教训。

培养健康的奋斗者文化

从建设奋斗者文化的角度来看，企业员工可以分为三类：一是“消费者”，贡献小于收入；二是贡献者，达到平均水平；三是奉献者，创造的价值远远大于一般员工。企业创造奋斗者文化，要进行区分性对待，针对这三类员工分别形成机制。“消费者”的负能量在组织中一定会存在，组织要不断清洁氛围和空气，强化正能量，防止变成负能量组织。

建设身心健康的奋斗者队伍很重要，这样才能真正在企业里创造可持续的奋斗者文化。奋斗者一定要做到身心健康，在奋斗中得到快乐感、成就感，而不是被压迫。

我个人认为，当一个人满足了基本物质需求的时候，健康不健康跟钱没多大关系，而是跟心理有关系。如果一个人总去攀比，发现别人比自己钱多就痛苦，这种奋斗不是一种健康的奋斗。心里总有不平衡感、扭曲感、不满足感的话，这种奋斗不是良性的，是不可持续的。所以，在一个企业里引导培育员工的身心健康，创造一种身心健康的奋斗者文化很重要。

现在年青一代的员工越来越多，我认为可以根据年青一代员工的特征，引导培育多种形态、多种形式的奋斗文化。过去按照“马斯洛需求”模型，假设一个人的需求一定会从低层到高层一层层迈进。事实上现在并不完全是这样，相比前几代似乎更注重精神需求的“90后”，也会注重物质需求，物质需求和精神需求往往是并列混合在一起的。企业在设计奋斗者机制的时候，更加需要跟健康的文化紧密结合，要有更加开放包容的文化。

实践

中设设计集团人力资源管理纲要——打造“拼搏者”人才新机制

前　言

数字经济时代，人力资本取代货币资本逐渐成为价值创造的主体。伟大的公司都有一个共同的特质，就是有一支业务精湛、经验丰富、能征善战、敢想敢拼的优秀人才队伍。

我们的资源禀赋不在于资金和资产，而在于优秀的人才集群及其迸发的产业智慧。人才是我们发展的决定因素，人才战略是我们事业发展的第一战略，人力资源是我们事业发展的第一资源，没有优秀的人才，就没有中设的当下和未来。

当前，行业环境变幻莫测，技术迭代微妙迅猛，无论是传统勘察设计咨询领域还是工程建设全产业链领域，都在发生深刻改变。面临更加复杂、更加不确定的产业环境，唯有打造一支“使命驱动、拼搏奋进、持续奉献、自我超越”的“中设铁军”，才能突破重围，直取胜利，永葆竞争优势。

集团的平台足够高，集团的空间足够广，集团的天地足够大。我们要坚持解放思想，激活组织，为拼搏者提供展现才华的机会和平台；我们要坚持放开眼界，建立起有效的人才开发与培养、激励与评价、竞争与退出机制，有效激活拼搏者，打造一支能够及时把握市场机遇、赢得客户信赖、提升集团价值、具有中设文化气质的高素质员工队伍。

创新、进取、协作、担当。拼搏者，

要有伙伴共生、卓越致远的精神。

规范、高效、尊重、激励。拼搏者，要有赋能与人、以绩为先的意识。

诚信、忠诚、开放、协同。拼搏者，要有同袍同泽、偕作偕行的态度。

共创、共享、共生、共赢。拼搏者，要有超越满意、成就客户的追求。

秉承集团价值主张，认同集团核心文化，忠于集团事业发展，创新进取、努力奋斗，愿意为集团持续创造价值的拼搏者，是我们需要的人。

我们将人才发展与成长作为应尽的义务，设计职业发展通道，实施专项培养计划，提供集团人才发展的有力保障。我们强调个体力量的崛起，强调个人潜能的挖掘，要打造“拼搏者”人才新机制，为人才的才能发挥、潜能激发 提供平台，充分释放人才的内在价值。

我们提倡拼搏者文化，鼓励人才的自我驱动、自我约束、自我发展、自我成长，最终依靠拼搏者创造价值，延伸边界，构建价值生态。我们坚持能者上、平者让、庸者下的人才政策，对优秀人才，不拘一格，大胆使用；对滥竽充数者，坚决淘汰退出。优秀人才是关键，顶尖人才是未来，我们将以战略规划、价值主张、发展趋势、管理模式为前提，科学预测，统筹规划，优化人力资源的结构、数量、质量，支撑集团的长远发展。

集团最大的财富就是人，人力资本是最重要的资本，人力资源工作应当放在最优先位置。集团各级管理者要转变观念，提高认识，履行人力资源管理主体责任，做人力资源管理工作的第一责任人。集团各级管理者要围绕拼搏者，以组织为平台，协同资源、创造机会；以文化为载体，凝聚人心、牵引行为；以评价、激励、发展、竞争机制为抓手，激发活力、驱动变革，共同打造“蜂巢型”命运共同体。

集团将坚定不移地打造优秀人才发育地、行业精英聚集地，与全体拼搏者一同建设美好明天。

以广阔胸怀，纳百川河海，聚四海贤才，创中设伟业！

目标篇

人力资源战略要以集团使命为牵引、愿景为方向、目标为路径，为集团战略目标实现贡献核心资源和价值。

人力资源管理工作要围绕拼搏者，优化组织平台，提升文化价值，以管理机制为抓手，解放思想，激活组织，激发人才。

1. 集团目标

集团使命：让世界更通达，让城市更宜居。

集团矢志以公路铁路、水运水利、城建市政、环境智能、工程管理及检测五大支柱产业为依托，以智能交通、环境保护、生态城市、高速铁路和城际铁路、地下空间和枢纽、路面技术等领域为引领，通过精湛的技术、精心的服务为客户创造卓越价值，为实现让世界更通达，让城市更宜居，让生活更美好而不懈努力。

集团愿景：成为城市发展与交通建设的顶尖技术服务商。

集团以引领交通发展与城市建设为目标，矢志成为行业领跑者，在“走出去”和“卓越、极致”两大战略指导下，逐步成为全球化视野的工程产业集团，实现国内、国际两个市场均衡发展。

集团目标：规模带动效益提升，规模抵御不确定风险，规模赢得市场竞争。

我们将在区域扩张、专业拓展、产业化布局、价值链延伸等领域多措并举，实现“百亿”目标。集团目标包括人才、运营、利润三大类。

人力资源是集团的第一资源。人才队伍满足业务需求，人才发展推动业务发展；打造拼搏者创造价值的平台，让拼搏者分享业务剩余价值和集团发展红利，培养一支能征善战、吃苦耐劳、拼搏奋进的“中设铁军”，是我们的人才目标。

立足江苏、深耕江苏；布局全国、走向国际；超越自身、超越对手，是我们的市场目标。

挖掘优质大客户，以客户为中心，满足客户需求，超越客户需求，创造客户需求，构建客户价值生态，打造客户命运共同体，是我们的客户目标。

设立产业投资基金，通过兼、并购协助市场扩张，提升专业能力，打造“业务＋资本”的双轮驱动产业集团，是我们的资本目标。

优化并固化主线流程，建立并完善信息化平台，落实并巩固项目管理体系，提高流程化、数字化、项目化运作能力，是我们的运营目标。

建立项目全周期控制体系，完善成果及工程交付标准化文档，建立规范化对客服务模式，不断提升生产交付效能比，满足日益增多的客户和日趋精细的需求，是我们的质量目标。

吸引和培育行业顶尖技术团队，搭建“总部＋专业院/事业部＋研究中心”的矩阵式技术研发、应用和推广平台，实现“技术商业化”，发育新的产业生态，是我们的技术目标。

集团追求长期可持续的利润目标，以单位资源产出增长实现利润增长，以管理效率提升实现利润增厚，以优化组织方式和人力资源配置提升人均效能。

2. 人力资源管理目标

人力资源管理使命：解放思想，激活组织，激发人才。

人力资源管理愿景：塑造优秀人才，打造核心能力，推动卓越绩效。

人力资源管理目标：优化组织平台，加强文化载体，利用六种力量，构建“以拼搏者为核心”的“蜂巢型”拼搏者命运共同体。

“蜂巢型”命运共同体：“蜂巢”是以六角形构建的蜜蜂巢穴。每一只辛勤的蜜蜂，都象征着集团的一位拼搏者；每个蜂巢有六个角度，代表推动拼搏者前进的六种力量，支持拼搏者持续奋斗、不断进取、砥砺前行。

“蜂巢”与“蜂巢”之间紧密结合，形成有机整体，人力资源管理体系要将单个拼搏者黏结为“拼搏团队”“拼搏集群”“拼搏者命运共同体”，推动集团从优秀走向卓越。

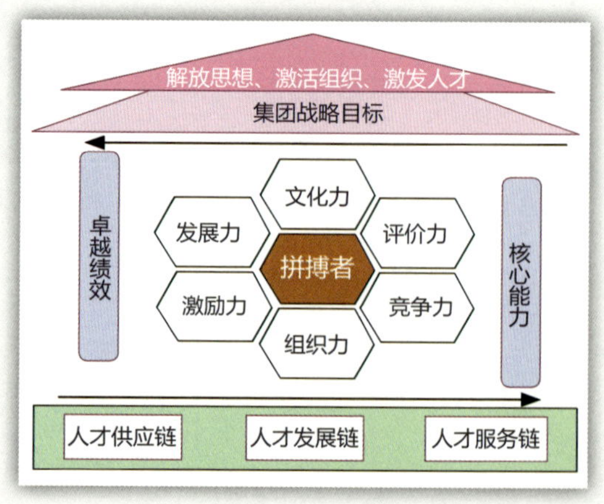

“蜂巢型”命运共同体

3.“拼搏者”人才管理新机制（“123456”管理机制）

一个核心：以拼搏者为核心。

两类人才：管理类、专业类。

三条主线：人才供应链、人才发展链、人才服务链。

四步循环：价值界定、价值创造、价值评价、价值分配。

五大职能：招聘管理、培训管理、薪酬管理、绩效管理、职业发展管理。

六种力量：组织动力、文化聚力、评价拉力、激励推力、发展升力、竞争压力。

4. 人力资源管理主体责任

集团各级管理者是人力资源管理的第一责任人，人力资源管理工作是所有管理者的共同责任。

集团决策层为人力资源管理提供战略方向，配套资源保障，指导推进人力资源管理体系的贯彻落实。

人力资源部门制定政策、明确标准、构建体系、搭建平台，为各部门提供制度支撑和人才保障，实现“管控＋服务”“激活＋赋能”的角色定位。

各部门依据集团人力资源管理体系，执行规则，履行职责，授权赋能，激发员工，培养员工，为人才队伍提供职业舞台和发展机会。同时基于现实需求，提出管理体系优化建议。

组织篇

组织是平台，让拼搏者尽情施展抱负；组织是机会，使拼搏者能够脱颖而出；组织是资源，为拼搏者提供支撑保障；组织是系统，将拼搏者黏结为命运共同体。

激活组织，就是明确价值创造标准、搭建价值创造平台、优化价值创造方式、赋能价值创造者；激活组织，就是为每一位拼搏者提供发展机会，打造拼搏文化；激活组织，就是让各专业线、各管理者、各从业者，真正履行激活拼搏者的使命和责任。

1. 组织分工

集团作为一个整体，基本组织结构是按专业线划分的专业院 / 事业部和按区域划分的市场中心。专业院 / 事业部在规定的经营范围内承担客户开发、生产交付、市场维护和售后服务的项目全过程管理职责。市场中心在集团规定的区域市场内有效开展经营，提供对客服务。

集团各组织模块应始终坚持以客户为中心，通过端到端的流程拉通，在为客户服务的统一界面下，共同创造价值。

集团各级管理者应始终坚持以拼搏者为核心，落实“拼搏者”人才管理新机制，搭建平台，创造机会，塑造文化，引导行为，发掘拼搏者，培养拼搏者，激励拼搏者，将集团打造成为拼搏者命运共同体。

（1）决策层分工

董事会和经营层共同组成集团的决策层。

董事会负责集团未来的使命、战略与目标，为全体拼搏者指明奋斗的方向。

经营层以董事会既定战略为前提，制订具体工作计划，对经营业绩负责。

（2）总部职能分工

为拼搏者搭建平台赋能体系，提供专业化、集约化、平台化的管理服务，提高内部运营效率，提升专业能力与管理能力，是总部职能部门履行分工的基本原则。

总部职能部门作为多元业务协同发展与赋能平台，通过搭建管理体系，强化核心职能，优化管控流程，提供专业服务，推动总部职能部门与业务部门之间的矩阵式管理和协作关系，成为高效能总部平台。

总部职能部门将重点聚焦于战略规划、服务支持、制度输出、战略落地、绩效管理、创新整合、资本运作、市场引领等职能，由传统的专业型、功能型、服务型总部转变为平台 + 专业型、赋能 + 功能型、管控 + 服务型总部。

总部平台中心要深化技术研究，加强技术积累，提供创新技术支持。通过生产赋能、运营赋能、人才赋能等方式，为各部门创造价值。

总部通过责权体系的梳理，建立分层决策和管控体系，增强专业院 / 事业部层面的业务决策权，增强总部的人、财、物决策权。业务决策向一线倾斜，管理决策向总部提升，最终形成各司其职、各负其责、明确高效的责任体系。

（3）专业院/事业部分工

各专业院/事业部为拼搏者提供平台，是集利润中心、专业技术中心、解决方案中心、客户服务中心、创新中心为一体的集成经营体。

专业院/事业部为客户提供完美解决方案，为集团贡献高效产值，为集团培养人才队伍，为市场中心提供支持。

专业院/事业部包含生产模块、技术研发模块、职能管理模块，核心职能在于经营拓展、生产交付、技术研究、模式创新、产业管理、新业务培育与孵化等方面，同时，还需履行标准化体系建设、流程优化、客户服务、人才培养、技术传承与创新等职责。

（4）市场中心分工

市场中心作为区域范围内的客户中心，是各区域的经营与资源统筹主体，通过铺设渠道网络，寻找市场机会，开发价值客户。市场中心对合同额承担主要责任，同时承担收款和利润责任。

作为区域资源整合平台，市场中心承担区域内行业资源、技术资源、信息资源、客户资源等资源整合和协调职责。

作为区域市场经营平台，市场中心承担市场规划、品牌营销、市场开发、客户开拓、项目获取、合同签订、客户服务等职责。

作为区域客户服务平台和前端组织，市场中心通过梳理端到端的客户服务业务流程，协同决策层、专业院/事业部、研发中心/所、总部职能部门为客户提供高质量的服务，与客户完成价值交付，构建共生价值生态。

2. 组织协同

数字经济时代，管理的效率不再来源于简单的分工、分权、分利，而来源于各种协同。组织作为资本、技术、劳动力等各要素的集合体，唯有协同，才能为集团创造更大价值。

作为拼搏者，要始终以客户为中心，服从集团整体利益，打破“部门墙”“流程桶”，协同创造价值。

（1）流程协同

集团将逐步构建基于客户需求实现的端对端工作流程体系。在流程推进过程中，流程参与者要打破专业和部门限制，以流程节点的推进为首选，实现跨部门流程协同。

（2）客户协同

各专业院/事业部、市场中心在无

现行工作流程情境下，面对客户，以需求为原点，打破界限，以临时性任务的形式统一客户工作界面，为客户提供系统解决方案。

（3）任务协同

在任务推进过程中，需要各方参与时，参与者需要及时跟进，处理好临时性任务和常规性工作的关系。

（4）能力协同

各专业院 / 事业部要提升经营能力，各市场中心要提高交付意识，加强市场能力协同，开发优质客户，满足客户需求。

研发中心要有“经营思维”，为专业院 / 事业部提供技术支持和服务，专业院 / 事业部和市场中心，要具备技术敏感性，通过跨专业、跨职能的内部研讨会、专项任务等形式，打破技术、交付、市场壁垒，实现能力协同。

各职能条线，通过业务伙伴角色，深入业务一线，履行职能管控、满足业务需求、赋能业务团队，加强管理能力与业务能力之间的协同。

（5）资源协同

集团将统一客户界面，建立客户管理体系，作为市场与客户资源协同平台；集团将建立平台中心和知识中心，作为技术资源协同平台；集团将建立内部人才市场，作为人力资源协同平台；集团将建立财务和供应链管理体系，作为财务、物资资源协同平台。

（6）人才协同

集团依据需要，加强各模块之间的人才流动，实现集团人才配置效率最优。

集团在中层管理者和骨干人才任期期间，加强职能—专业院 / 事业部—市场中心的岗位轮换，通过不同专业视角和岗位视角的转变，实现人才培养的协同。

3. 组织进化

面对不确定性内外部环境，技术、客户、市场、业务模式、管理、人才、文化等任何一个维度的变化和发展，都会对组织本身的发展和存续带来挑战。

未来的数字化、大链接、智慧化时代，商业组织将打破传统科层制组织结构，打造以客户为中心的“平台化赋能 + 分布式自主经营 + 富生态价值网络”的“平台型 + 自组织 + 生态型”的组织模式。

未来的组织模式，内部应分工明确，提升工作效率；打破边界，协同创造价值；数字驱动，打造智慧平台；授权赋能，激发自主活力。

未来的组织模式，鼓励拼搏者自我驱动，展现自我规范、自强活力、自主发展、自觉提升的内生驱动。

未来的组织模式，是去权威、去中介、多中心、分布式、广链接、无边界的组织模式，这种网状并联的生态组织，更加开放、自主、高效、智慧。

未来的组织模式，要以数据为核心，建立采集、分析、管理、决策一体化智能运作模式，将每一位拼搏者，从执行者转变为价值创造者；将拼搏者集群，从单纯的人才要素堆砌，转变为高效协同的“拼搏者命运共同体”。

文化篇

文化作为一种信念，拥有激情的力量，让拼搏者有使命、有追求，激发拼搏者的潜能与创造力，不抛弃、不放弃，做事奋不顾身。

文化作为一种共识，拥有凝聚的力量，统一思想，降低内耗，促进协同，形成“蜂巢型”命运共同体。

1. 拼搏者文化

每位拼搏者都是独立个体，在集团组织系统内履行各自使命。要寻找一种力量，让每位拼搏者紧密结合，形成有机整体，将单个拼搏者黏结为“拼搏团队”，形成“拼搏集群”。这种力量，就是文化的力量。

（1）文化继承

在集团“伙伴共生、卓越致远”的价值观指引下，在集团“创新、进取、协作、担当”的企业精神引领下，拼搏者继承了集团代代传承、持续奋斗、自我超越的“奋进文化”；继承了工作认真、 精益求精、踏实肯干的“工程师文化”； 继承了客户意识、竞争意识、开拓意识 的“市场文化”；继承了诚信至上、品质如一、卓越致远的“品牌文化”。

（2）文化导入

面向未来，在“蜂巢型”组织模式下， 要求拼搏者具备“开放文化”“协同文化”“狼性文化”和“卓越文化”。

开放文化：拼搏者要跳出固有思维，不因循守旧，善于自我批判，学习创新，打破桎梏，吸收外部能量。

协同文化：拼搏者要跳出局部利益，以集团利益为重，打破“部门墙”“流程桶”，实现协同创造价值。

狼性文化：拼搏者要敏锐进取、坚持不懈、团结拼搏，以持续奋斗的精神，形成一支目标一致、协作担当、战无不胜的“中设铁军”。

卓越文化：拼搏者要有归零心态，不沉迷于过去的成功，坚持创新、自我超越，从优秀走向卓越。

奋进文化、工程师文化、市场文化、品牌文化、开放文化、协同文化、狼性文化、卓越文化等拼搏者文化特质，是集团高速发展的原动力，也是集团未来赢得市场竞争的不二法宝。

2. 拼搏者行为

拼搏者的核心是以客户为中心，持续创造价值。作为拼搏者，要成为集团拼搏文化的认同者、践行者和捍卫者，践行以下关键行为：

以客户为中心，超越客户需求；

忠于集团事业，服从工作安排；

思想高度认同，行动坚决服从；

敢于承担责任，拒绝任何借口；

开放学习成长，不断超越自我；

保持积极心态，从不轻言放弃；

加强团队合作，乐于群体拼搏；

坚持艰苦奋斗，持续创造价值。

3. 文化反思

没有天生的拼搏者，也没有永远的拼搏者，集团除了要靠机制的牵引约束，还要自我批判，反思中庸主义、官本位、山头主义、有组织无纪律等不良现象。

中庸主义：拼搏者要避免出现庸碌、易满足、不进取、老好人、不作为、不担当的行为。

官本位：拼搏者要反对官僚主义，避免出现“权力优先、干而优则仕、官大一级压死人”“权力意识取代责任意识”等现象。

山头主义：拼搏者要坚决避免形成部门圈、派系圈、利益圈，警惕圈子文化排挤主流文化，抵制圈子利益凌驾集团利益，坚决打破“山头主义”和“圈子文化”。

人才篇

集团最大的财富就是人，人力资本是最重要的资本，是价值创造的主导要素，集团的人力资源工作应当放在最优先位置。对于集团而言，经营人才与经营客户同等重要。

1.“中设人”定义

中设人要认同集团价值观，履行岗位职责，服从管理要求，自觉维护集团形象，诚实劳动，追求上进，不逃避，不惧怕，不退让，不推辞，不断为集团发展贡献力量。

拼搏者是优秀的中设人，是集团价值创造的主体。拼搏者靠愿景牵引、使命感召，持续拼搏、艰苦奋斗、不断归零、勇于创新、自我超越。拼搏者敢于担当、敢于挑战、以身作则，在集团传播正能量。拼搏者具备大局观，服从集团全局利益，不断树立更高目标，持续创造高绩效，为集团发展贡献生生不息的力量。

2. 人才理念

集团秉持尊重与开放的态度，赋能于人，由上而下地释放权力，激发活力，让更多员工充分展示其能力，使企业和个人共同实现价值。

集团以绩效为导向，强调目标管理，强调业绩承诺，为能者提供舞台，形成优胜劣汰的人才管理机制。

（1）选人理念

工作业绩、价值观、专业能力、发展潜质，是集团选拔人才的主要标准。

人才选拔以内部晋升为主，部分高层次人才加强外部引进。

任人唯贤，举贤不避亲。

（2）用人理念

用人所长，赋能于人，选用有能力、有担当的人才。

包容成长，给予不同个性和能力的人才机会和平台。

人、财、物等资源配置优先向拼搏者倾斜。

（3）育人理念

基于组织发展需要，培养岗位任职能力；基于个人发展诉求，给予成长机会。

拓宽职业发展通道，让员工从专业

走向精深，从精深走向权威。

“Z”型成长，鼓励管理者在不同岗位间轮换，发展成为综合管理型人才。

（4）评价理念

认可功劳，尊重苦劳。

业绩导向，同时关注能力提升和价值观契合。

让拼搏者多受益、懈怠者不得利，劳动者获得合理回报。

（5）激励理念

多劳多得，优劳优得。

物质激励与精神激励相结合。

以拼搏者为核心，激励资源向拼搏者倾斜。

3. 人才分层分类

对集团员工进行合理的分层分类，是为了更好地发展人才、使用人才。给予不同类型人才针对性的管理措施，可以更好地激活人才，创造价值。

集团将人才分为管理类和专业类两大类。

（1）管理类

管理类是指各所（部门）助理所长（助理主任）级别及以上的管理人员。包括决策层管理者、总监层管理者、中层管理者和储备层管理者。

（2）专业类

集团根据专业性质和岗位性质区分设计、工程、技术研发、市场、职能管理等序列。序列内部依据能力特点、组织需求、人才结构等因素划分为专家层、资深层、骨干层、专员层、辅助层。

4. 人才管理三条主线

（1）人才供应链

确定性的人才需求提前规划，不确定性的人才需求及时响应。通过战略规划引导人才规划，让人才队伍保障战略目标落地。通过规划、盘点、供给、培养和使用，为集团各部门打造人力资源供应链，提供充足、胜任的人才队伍。

（2）人才发展链

集团将以任职资格标准为基础，职业发展通道为路径，打造人才发展链，提升拼搏者价值创造能力，实现拼搏者与集团共同发展。

（3）人才服务链

集团构造人才服务链，对内部共性人力资源管理需求进行整合，打造共享服务平台，提供高质量、低成本、标准化的人力资源服务，为员工提供一站式整体解决方案。

打造“蜂巢型”人才管理新机制，就是以拼搏者为核心，尊重拼搏者，建立高绩效、平台化人力资源管理机制，结合五大职能，利用六种力量，激活每一位拼搏者，让员工从“要我干”到“我要干”“我们一起干”，将集团打造成为“蜂巢型”拼搏者命运共同体。

评价篇

以拼搏者为核心，根据战略目标和各模块职责定位，通过分工协同，结合文化载体，打造集团价值创造运行方式；通过价值评价、价值分配等管理机制，激发拼搏者活力，构建价值创造四步循环，持续为集团创造价值。

“蜂巢型”人才管理新机制，通过价值评价机制，让拼搏者脱颖而出，呼唤拼搏者的自我涌现，激发拼搏者活力，保持集团发展动力。

1. 评价原则

（1）评价导向

战略主导，文化引领，强调业绩导向和价值创造，关注能力提升与价值观契合。

业绩为重，全面评价，结果性指标与过程性指标并重，短期目标与长期目标并重，内部目标与外部目标并重。

强化过程，注重反馈，构建计划、辅导、监控、评价、应用和改进的全过程评价体系。

（2）评价标准

组织绩效要和历史值比、预算值比，同时关注竞争对手动态。

个人绩效既看评价指标的绝对值，也看评价结果在组织系统内的相对值。

（3）评价要素

组织绩效评价要素：成熟业务强调全面高效可持续发展，从规模、回报、内部运营效率、团队成长等角度综合评价；战略新兴业务鼓励快速发展，简化评价指标。

个人绩效评价要素：业绩评价侧重实际结果；工作态度、工作能力、价值观等评价侧重长期表现。

2. 组织评价

（1）总部职能部门评价

总部职能部门在具体评价中要区分好管控、监督与服务的不同工作定位和评价导向。

定量评价和定性评价相结合，长期评价和短期评价相结合，结果评价和过程评价相结合。重点关注战略绩效分解、关键任务、内部客户满意度等指标。

（2）专业院/事业部、市场中心评价

既要评价经营规模、经营效益等财务性指标，也要关注客户满意、内部运营、学习成长等管理性指标。

集团按照不同专业院/事业部、市场中心发展阶段和战略使命，针对性制定评价指标和利益分配系数，引导专业院/事业部、市场中心的经营和管理行为。

专业院/事业部、市场中心之间要避免业务的无序竞争，让评价机制引导各专业院/事业部、市场中心更多地关注做大业务版图。

各专业院/事业部与市场中心指标互锁、责任共担、利益共享。

3. 个人评价

（1）管理者评价

结果导向与过程导向相结合；潜能评价与业绩评价相结合。

决策层管理者对集团发展负责，考核战略性指标、经营性指标、管理性指标；其余管理者履行战略分解下的业绩指标和关键任务指标。

所有管理者都应进行能力评价和价值观评价。

决策层及总监层管理者以年度为评价周期，中层和储备层管理者以半年度、年度为评价周期。管理者统一实行任期制，实行任期考核。

管理者评价结果同工资晋级、奖金发放、职位调整直接挂钩。任期考核同职务调整直接挂钩。

（2）专业人才评价

设计/工程人员需要考核工作量、工作质量、工作效率、客户满意度等指标，也考核工作能力、工作态度、学习成长等指标。对资深层以上人员，还需要考核培养人才、技术发展等指标。

技术研发人员要区分基础性研发和应用性研发，注重过程与结果考核相结合，注重业绩与能力相结合。研发工作成果具有不确定性，要对研发失败保有一定的宽容性。

市场类人员考核围绕品牌建设与管理、市场开拓和经营任务展开，包括经营性指标、市场性指标和管理性指标。

职能类人员要从专业职能型走向平台赋能型，考核岗位职责指标和关键绩效指标。

专业人才能力评价主要为任职能力等级评定，鼓励员工成为内部专家，甚至成为业内专家。

激励篇

集团坚持开放的激励机制，不断激活拼搏者潜能，释放拼搏者能量，打造拼搏者命运共同体，让拼搏者成为“责任体”“发动机”“动力源”。

集团坚决反对价值分配均等化，充分尊重拼搏者的合理诉求和预期回报，持续提升激励的内部公平性和外部竞争力，让真正为集团做出贡献的拼搏者获得合理回报，过上幸福生活。

1. 激励原则

（1）激励导向

以拼搏者为核心，激励资源向拼搏者倾斜、向一线倾斜、向艰苦地区倾斜，鼓励员工主动承担更有挑战性的工作。

多劳多得，优劳优得，形成“高绩效—高压力—高回报”的正向循环。

按劳分配和按资分配相结合，让拼搏者获得更多剩余价值，让资本所有者获得更多资本增值。

内部公平性和外部竞争性相结合，通过岗位价值、能力价值、绩效价值的动态平衡，确保薪酬的内部公平性和外部竞争性。

一次分配和二次分配相结合，一次分配坚持“价值分享制”，合理评价创造价值，分配薪酬和奖金总额，二次分配向拼搏者倾斜。

物质激励和精神激励相结合，物质激励导向价值创造，精神激励导向持续拼搏。

（2）激励要素

集团为拼搏者提供全面薪酬激励，包括工资、奖金、福利、分红、股权、专项奖励、荣誉认可、发展机会、学习成长、弹性工作等综合性激励要素。

2. 组织激励

（1）决策层激励

决策层激励要与集团整体业绩表现休戚相关，激励资源采取现金和股票的方式向中长期倾斜，鼓励决策层着眼未来，实现长远战略目标。

（2）总部职能部门激励

总部职能部门奖金要与集团整体业绩、集团管理规模、外部市场水平等因素挂钩，同时考虑集团人均效能、业绩增幅、职能部门人数等因素。

集团实现超额利润，职能部门可按照比例参与利润分享。

（3）专业院所/事业部激励

专业院所/事业部一次分配以“价值分享制”为基础，同时引入组织绩效评价、战略任务完成度、人均效能等指标作为综合考虑因素。

构建当期奖金与战略奖金相结合的激励机制，当期奖金同当期经营结果挂钩，实现短期业绩联动；战略奖金面向未来，与战略目标挂钩，促进长期业绩改善。

各专业院所/事业部核算奖金后，以“价值分享制”为基础，结合各专业院所实际经营情况，进行内部二次奖金调节。

（4）市场中心激励

市场中心一次分配以“目标责任制”为基础，目标值基于战略目标分解，根据不同区域、客户、业务来源、项目类型做综合调整，同时结合市场性指标、管理性指标综合确定奖金总额。

市场中心内部以“目标责任制”为基础，结合各办事处实际经营情况，进行内部二次奖金调节。

3. 个人激励

灵活运用多种激励手段，构建全面激励体系，不断激发员工的使命感和责任感，实现自我驱动，持续拼搏。

文化激励：塑造“拼搏者文化”，激发员工的拼搏活力和自驱动力。

发展激励：通过使命感召，愿景牵引，让员工发展有方向、有前途、有梦想。

荣誉激励：健全集团荣誉体系，树立榜样力量，引导员工拼搏行为。

目标激励：通过合理目标制订，工作结果达成，鼓舞士气，激励人心，让工作成为工作本身最大的回报。

物质激励：探索工资＋奖金＋福利＋利润分享＋股权激励＋分红等一揽子物质激励解决方案，鼓励拼搏者持续创造价值。

关怀激励：通过环境关怀、精神关怀、发展关怀、健康关怀等多种措施，丰富员工人文关怀体系，追求员工和企业的和谐共赢和长远发展。

（1）管理者激励

中层及以上管理者，采取年薪制＋中长期激励计划的激励方式。年薪制根据个人职务、责任、风险和压力等因素综合确定年度薪酬总额。合理分拆固浮比，实现业绩强联动。中长期激励计划包括利润分享、任期制奖金、中长期股权激励等多种方式。

储备层管理者，采取固定工资＋绩效奖金的激励方式。固定工资依据岗位价值、市场水平、个人能力综合确定，绩效奖金同集团业绩、部门业绩、个人业绩挂钩。

（2）专业人才激励

设计/工程人员采取固定工资＋绩效奖金的方式，一定层级以上的设计/工程人才可享受中长期激励。绩效奖金同个人业绩、项目业绩、部门业绩、集团业绩等因素挂钩，主要包括业绩奖金、项目奖金等。中长期激励计划包括利润分享、中长期股权激励等。

技术研发人员激励方式为固定工资＋项目奖励＋商业化利润分享。固定工资从所在部门上缴利润中单独列支，并提供研发节点奖励和成果奖励。基础性研发人员适当提高固定工资收入，应用型研发人员适当提高绩效工资比例。成功商业化的研发项目，可采取一次性研发奖励或参与利润分成等方式进行激励。

市场人员激励方式以“目标责任制”为基础，单个市场人员同个人市场目标完成情况直接挂钩，市场管理人员同团队市场目标完成情况直接挂钩。

职能人员激励方式为固定薪酬＋绩效奖金。重点探索“外部对标、以岗定薪、总额挂钩、按绩取酬”的薪酬模式。固定薪酬同岗位、能力、市场水平挂钩，绩效奖金同个人业绩、部门业绩、集团业绩挂钩。

发展篇

人才是集团最宝贵的资源，集团将以拼搏者为核心，坚持人才发展决定组织发展的理念，追求员工发展与组织发展同步，持续打造决胜未来的人才梯队。

集团为员工提供成长和发展的资源、平台与机会，鼓励员工充分发挥个人才能，鼓励劳动者向拼搏者学习和靠拢，让拼搏者享受企业更大的发展成果，并实现自我增值。

1. 发展原则与发展方式

（1）发展原则

职业发展坚持将更多机会向拼搏者倾斜。

坚持用人所长，赋能于人，对有能力、有担当的人才要加大授权力度。

坚持以组织发展需要为主，兼顾个人发展诉求，实现组织发展与员工发展双赢。

集团为员工提供多元的职业发展通道，并明确各通道的任职标准和晋升要求。

员工发展包括纵向职级晋升和横向跨序列发展，形成“Y”型和“H”型的发展路径。

（2）发展方式

人才发展方式主要包括：课程学习、行动学习、导师制、轮岗锻炼等。

2. 管理者发展与选拔

（1）管理者发展

管理者培养要从实践出发，学以致用，强调跨体系的横向流动、总部与一线的纵向轮岗，通过“Z ”型的发展路径，培养管理者的综合业务能力和管理视野。

担任中层管理者需要有基层工作经验，担任总监层及以上管理者，需要有周边工作经验。

（2）管理者选拔

坚持内部选拔为主、外部引进为辅的原则。

决策层管理者：以内部培养为主，缺乏内部培养土壤且专业性较强的岗位，集团需要针对性从外部引进。

总监层管理者：成熟型专业院／事

业部和市场中心以内部培养和选拔为主；战略新兴型专业院 / 事业部和市场中心，采取内外结合、机会均等的选拔原则；职能总监，采取内外结合、机会均等的选拔原则。

中层管理者：业务类管理者以内部培养为主，管理类管理者可采取内外结合、机会均等的选拔原则。

储备层管理者：需要从内部选拔骨干人才，加入储备管理者池。

管理者选拔坚持业绩导向原则，从影响集团发展的关键事件中考察管理者，基于管理者的能力素质选拔管理者，用人所长。

管理者选拔采取价值观一票否决制。

3. 专业人才发展

专业人才发展以任职资格要求为基本依据，包括学历与经验、知识与技能、行为、成果等标准。

根据不同专业人才发展序列和职级要求，员工的晋升发展分为自然晋升和选拔性晋升两种方式。

坚决打破“官本位”思维，培育工匠精神，鼓励专业精深，让专业人才在集团找到合适的位置，创造价值，获得回报。

设计类人才，以岗位培养为主，以青蓝工程为平台，以员工职业发展为引导，培养和提升员工各项能力，鼓励快速成长。

工程类人才，以内部培养为主，其中高级别工程人才采取外部招募为主的方式，寻求行业高端人才，共同开发事业。

技术研发类人才，以内部培养为主，同时吸引优秀研发团队加盟，其中专家层技术研发人才采取内部培养与外部招募并重的方式。

市场类人才，以内部培养 + 外部招募 + 合伙人的方式打造市场人才队伍，以“训战结合”的方式开展培养。

4. 人力资源处培训发展

（1）培训发展定位

传播集团价值观和管理思想，培养集团发展所需要的管理者和专业人才队伍，建设可持续发展的人才梯队，提升拼搏者价值创造能力，实现人才战略推动组织战略和业务战略实现。

（2）培训发展目标

传播集团文化理念，塑造核心价值观念；

提供专业培训服务，打造核心竞争能力；

总结最佳实践案例，促进组织知识共享；

开发各类核心课程，支持集团发展战略。

竞争篇

竞争机制就是要靠开放的组织系统，构建开放的管理机制，以开放的人才结构思维，不断激活人的潜能和价值。开放的组织系统，要求集团广纳贤才，吸引更多行业精英成为集团拼搏者；开放的管理机制，要求集团建立内部竞争机制，加速人才流动；开放的人才结构，要求集团建立内部人才市场，持续激活拼搏者，优化人力资源配置，打造开放持久的拼搏者命运共同体。

1. 竞争原则

系统思考，竞争淘汰，激发活力，防止懈怠。

逐步建立集团人才竞争机制，激活集团人才队伍，让优秀人才脱颖而出，优化集团人才生态。

2. 管理者竞争机制

（1）管理者任用

管理者选拔坚持委任制、选任制和竞聘制相结合的方式。优先从具有一线成功实践经验、从影响集团发展的关键事件中、从长期坚守艰苦地区和艰苦岗位的拼搏者中选拔管理者。

对一定层级以上的管理者进行按需流动，针对关键岗位构建后备管理者梯队。

管理者实行分级聘任制，管理者任用和调动需无条件服从组织安排。

（2）管理者退出

管理者实行任期制，任期届满，接受任期考核，进行述职，提交下阶段任职申请，通过后重新任职。

管理者实行“到龄退出”机制。

3. 退出机制

（1）退出原因

① 绩效评价退出。集团根据员工实际工作业绩和能力表现，推行绩效退出机制。

② 价值观评价退出。集团员工必须是集团文化的认同者、传播者和践行者，集团需建立相应的价值观评价体系，明确考核标准。

③ 红线退出。集团颁布的红线行为，集团员工不得违反，否则将予以劝退或开除。

（2）退出方式

退出方式包括退出岗位和退出组织等。

注：中设设计集团人力资源管理纲要由华夏基石——中设设计集团项目组成员张小峰、傅飞强、潘鹏飞、白光林、吴婷婷、薛玮玮、梁思凡共同参与完成。中设设计集团董事长杨卫东、总裁刘鹏、副总裁凌九忠、人力资源部冯波、丁嵘、侯小春、马杰、刘平等提供了大力支持。

访 谈

拼搏者，为客户价值而“拼”

——访中设设计集团董事长杨卫东

《洞察——华夏基石管理评论》：中设设计集团为什么会提出拼搏者文化建设？

杨卫东：文化跟企业的发展阶段紧密相关。最初，中设设计集团是“工程师文化”，在事业单位改制前，经济利益和客户满意并不是最重要的，最重要的是技术革新和技术水平。因为那时省交通厅给项目，并不需要我们自己去做市场，就没有经济效益的概念，效益好坏和个人利益也没关系。改制后，设计院又出现唯市场的倾向，过度关注绩效，从上到下都以市场为主导，干部和员工都在关注项目、关注产值，是市场文化。有时也会关注客户的满意度，但主要是出于别影响下次拿项目的动机。很少有人会想作为设计方，我们的本质是做出一个美好的作品。

在“工程师文化”“市场文化”导向下，人们习惯性认为是外面的事情更重要，优先满足客户的需要以及市场的要求，内部的事情（内部建设）相对慢一些，在心里也没觉得那么重要。但事实上，内外发展是要同步的，内部建设跟不上市场的发展变化，企业就会出问题。

我们提出建设拼搏者文化，第一，要回归企业的本质，让客户满意，创造客户价值。客户满意，就是通过设计更好的作品，实现客户价值和社会价值，让交通更通达，让城市更宜居。

第二，拼搏者是面向未来的。符合新时代的理念，做利他主义者、公益主义者。以前中设的成功靠市场、靠机制，现在所面临的新的转型需要新的领导力，完全市场导向已经不能领导企业的未来，只有引领大家为客户价值、为社会价值的最大化而拼搏奋斗，大家才有未来。

第三，拼搏者文化建设会给工程师带来自身价值和情怀。最初工程师的情怀是为了理想和好奇而奋斗，后来是为了利益而奋斗，现在我们提倡利他主义。工程师首先是为了别人的成功、社会的价值去努力，在这个过程中不仅给公司带来价值，也实现了个人的价值。

工程师必须具备情怀。工程师通过高质量、快速、低成本地完成客户和交通发展需要的作品，获得更长远的效益。不要把个人利益作为唯一的追求，要从追求个人利益升华到追求社会价值的实现。

个人和企业共同发展的过程就是思想境界升华的过程，拥有与企业共同价值理念和理想的人就是拼搏者。

《洞察——华夏基石管理评论》：前段时间社会热议“996”工作制，你们提出建设拼搏者文化，怎样理解拼搏的内涵，又怎样进行长期建设？

杨卫东：“996”绝不是拼搏者文化的核心。拼搏者文化并不是每天的苦干、加班，而是为客户创造价值，为客户创造高品质的产品。

为了企业的发展，我们倡导艰苦奋斗、勇于担当。但核心是为客户创造价值、为公司创造价值。只要为客户创造了价值，为公司带来价值，一定也会实现个人的成功。那什么样的人是实现客户价值、公司价值的关键呢？公司各条业务线、各个事业部的带头人。带头人的比例有 30% 就够了，这群人发挥着带领全体为了客户价值、公司价值去拼搏的作用。对这部分人就有比较高的要求，因为他代表的是企业，要以身作则，有利他主义和牺牲精神，达到为了共同理想而奋斗的境界。同时，这群人一定是自驱性很强的，为了提升客户的满意度，有时可能需要加班，但这并不是必然的选择。

拼搏者需要有付出，但不是强制性付出，单纯地延长工作时间，而不创造价值就更没有意义了。通过创新、创意、集思广益、多专业融合，满足老百姓行和住的高质量要求，才是拼搏者必然的选择和最终的追求。

这个问题其实也对我们做这项工作提出了几个要求，第一，如何体现拼搏者的理念和文化？通过宣传其实是很苍白的，最重要的是通过价值导向、激励机制和人力资源策略等，从“骨子”里去切实影响每个人，使拼搏者文化最后在日常工作中体现出来。第二，文化建设是个长效机制，是个改变人心、稳定价值观的长期工程，并不是一蹴而就的，要长期坚持，要有长效机制。

首先是价值观的重塑。工程师不是数据的奴隶。拼搏者不仅仅是为了多打粮食，也为了生产好的粮食，生产适合社会的粮食。利他，长远利己。比如一个设计师设计了一个优秀的工程，虽然并没有得到更多的设计费，但是长远来讲，大家都会看到他的价值。

其次要梳理拼搏者的要求，发挥榜样的力量。如果我们的方向在东边，那么向西走是不行的。改制企业，不可能每个人都是拼搏者，但是我们可以先把往东走的人凝聚起来，把他们的能动性发挥出来，当往东走的人多起来以后，就会带动所有的人一起往东走。

《洞察——华夏基石管理评论》：中设设计集团拼搏者的核心定义是什么？怎样体现？

杨卫东：为企业和客户的价值而努力，这是拼搏者的第一个核心。拼搏者实际上是利他主义。通过让客户成功、企业成功而实现自己的价值。通过绩效管理，在分配的时候会考虑付出和回报的关系；将拼搏者文化的诸多要素体现到全年的考核中。我们不是把拼搏者文化变成运动，也不是把它变成特别具象的、即时的回报。它是一个方向和价值观，应通过一系列的行动逐步落地。

将客户满意、企业绩效、个人成功和管理者行为相统一。在原有的基础上，将简单的市场导向、为了更多项目和更多钱而让客户满意的导向，升华到站在社会价值和客户的角度去思考。这是中设拼搏者文化区别于其他企业文化的地方。

拼搏者的第二个核心是如何提升企业的竞争力，为企业品牌提升和平台价值做出贡献。竞争力是客户满意的最大支持，也是企业持续发展的动力。拼搏者为了提升企业的竞争力，创建新的管理模式，改革内部工作流程，提升工作效率、员工的责任心以及管理的手段和理念，这就是拼搏者的具体体现。

拼搏者的第三个核心是要有责任心和创造力，要用同样的时间创造更大的价值。有责任心是最基本的要求，工程师是一个很严谨的工作，第一个就要有责任心，对每一个细节都要负责，比如海拔 1.5 米你写成了 1.8 米，这会造成巨大的损失。要讲求效率，比如设计师设计出一个烂方案，后面一大堆人复审还找不出问题，劳民伤财。

更高一点的要求是通过创新改造工作流程，同样的时间创造更大的绩效价值。同样的产品，成本比别人低，这就是核心竞争力。人工智能时代的拼搏者，应用机器帮助人，用更高效率的工作手段取代效率低下的工作手段，而不是要求天天灯火通明，废寝忘食。

《洞察——华夏基石管理评论》：建设拼搏者文化对管理者提出了哪些新要求？

杨卫东：管理者要以战略为导向，构建全体员工的共识，要把如何实现客户成功作为每一个人的工作导向。拼搏者应有情怀，始终牢记使命和愿景，把使命结合到工作中去，而不再是想办法拿到单子后，其他就不管了。应围绕客户满意和公司价值来构建工作重点。不要一味追求数量，应超前谋划和管理，使得项目实现、甚至超出客户的需求。公司的管理层、部门的管理层、项目的管理层都应执行这个要求。客户、公司、股东、员工的利益一体化是通过效率的提升、创新创意和流程创新实现的。

管理者要率先垂范，提升思想境界。企业要广泛宣传、全面发动，让普通员工充分领会如何让客户满意，让思想落实到行动上。例如一个项目给谁做，选择 A 所长还是 B 所长，管理者是根据自己喜好还是根据客户满意、公司绩效去作选择？再比如，客户要求做一些设计调整，本来张三做最合适，但是张三因故来不了，管理者为了快速做完拿到项目款，就随便找一个人来补缺，本来这活儿能做到八九十分，结果只做到了六十分的水平；员工也许还有更多好的想法，但是所长说差不多就行了，快速做完拿到钱就行了，那管理者这样带出来的员工以后都是六十分，对企业的伤害就是长远的。

所以我说拼搏者文化不是数量堆砌的文化，不是多做项目多打粮食的导向，而是生产优质产品、提供品质服务，实现客户利益的最大化，这就需要干部的境界。

观点链接

今天我们仍然需要提倡拼搏奋斗

■ 作者丨彭剑锋 中国人民大学劳动人事学院教授、博士生导师，华夏基石集团董事长

实事求是地讲，中国的企业在技术创新和管理水平上，与世界先进企业差距还很大。这种差距使得我们不能懈怠，未来10~20年还要比别人付出得更多才能超过别人，才能更好地参与全球化竞争。

一个企业也好，一个国家也好，不管任何发展阶段都需要拼搏者、奋斗者，即便未来有很多智能机器人，也要不断创新创造。智能机器人可能会替代很多工作，但人类的创新创造精神和奋斗精神是机器人替代不了的。

拼搏者、奋斗者首先是价值创造者，这种价值一定是基于客户价值的。过去的公司治理是股东价值最大化理论，现在是相关利益价值理论，除了为股东创造价值，还要为客户、为人才发展、为合作伙伴创造价值，为社会进步做贡献。换句话说，现在奋斗者的价值创造是多元的，从单一的股东价值转向客户、股东、员工、合作伙伴、社会，是一个综合的价值体现。

那么，企业为什么要提倡奋斗者文化？从老板的角度、股东的角度来说，就是要多创造价值和利润，这是财务指标。从员工的发展、客户的体验、社会责任承担的角度来讲，又不仅仅是财务价值，还包括精神价值和社会价值。从企业的角度来讲，直接的体现是员工创造的额外溢价，表现在两个方面：一是比别人付出的更多，靠的是勤奋；二是人均效能比别人高，更能有智慧贡献价值。

快乐的奋斗者、身心健康的奋斗者是最值得推崇的，身心不健康、不快乐的人，最终不能真正实现价值诉求。

实事求是地讲，中国的企业在技术

创新和管理水平上，与世界先进企业差距还很大。这种差距使得我们不能懈怠，未来 10~20 年还要比别人付出得更多才能超过别人，才能更好地参与全球化竞争。中国经济之所以能够持续40年不衰，就是因为我们比别人付出更多。

很多人羡慕欧洲人过着“慢悠悠”的高质量生活，相比较之下，中国人太忙了、太快了，生活质量不高。的确，欧洲虽然经济在走下坡路，但欧洲人生活得很幸福、很快乐。主要是他们有本钱过这种慢生活。因为社会财富积累到了一定程度，允许他们过慢生活，慢并不是一种退步。而我们的整个社会发展还没有达到让每个人慢下来的程度，说简单直接点，国家的综合实力还没有那么强，很多关键技术还掌握在人家手里。华为 为什么一直提倡要有危机意识、要持续艰苦奋斗？华为即便发展到今天这个程 度，也要比苹果、高通付出更多才行，否则就有可能被淘汰。

我们的技术优势、竞争能力都还需要培育和积淀，在市场经济中，在全球化竞争中，我们不拼搏、不奋斗，就会被淘汰出局。

再者，所谓的“慢生活”，其实是有质量、有文化内涵的慢。我去罗马，在短暂的停留时间内就想去逛逛古董店，结果恰逢周末，街上的商店都不开门营业，好不容易到星期一了，一早上就去古董店门口等，结果上午 10 点半古董商才过来开门。但是这里的古董商颠覆了我对于古董商的印象，他们穿着打扮很正式，很绅士，一举一动都透着气质和文化，看得出来，他们是真的认为自己从事的是艺术行业，而不仅仅是个谋生手段。联想到我打过交道的国内的很多古董商，他们就真的只是在经商。

我个人觉得，未来至少 20 年内，中国人还是要比别人付出更多、要持续拼搏奋斗才行，当社会财富积累到一定程度、人们的文化修养达到一定境界以后，才会真正懂得享受生活。

我相信，随着经济和文明的发展，社会财富的累积，我们也会逐步放慢一点步伐，更加追求生活品质，就像是从吃快餐到吃正餐，再到吃法式大餐的转变。但当前和未来一段时期内，我们还处于快餐和正餐的转型过渡期，所以还要持续地奋斗，健康地奋斗。

管理的正确姿势不是“996”

■ 作者 | 苗兆光 华夏基石集团副总裁

管理的正确姿势不是“996”，而是找到那些“主动工作者”，把他们引入公司发展的航道，这样的人多了，航道就成了洪流。

20 多年前，我刚从大学毕业，正逢国家开始推行五天工作制。那时和现在不同，好企业总是先响应这些法定福利，烂企业才推三阻四。

我工作的企业属于烂企业那类的，不仅没有五天工作制，多数时候都是工作七天（可以说是“997”了）。其实企业里也没那么多事，没事干的时候就三五个人扎堆儿打牌，斗地主、拖拉机、炸金花各式花样，我的打牌技术就是那时候攒下的，以至于现在偶尔露一手时还能让人刮目：“你这么个人怎么还会这个？”

同事们都心知肚明，长久下去肯定不是个事儿，但苦于当时被户口、福利分房等各种政策锁定，心里再惶恐也要奉陪下去，只等政策解锁陆续散去，也有很多人被低效的散漫和狭窄的社交圈磨尽了意志，压制着内心的惶恐，用“大把的时间挥霍在企业就是奋斗”之类的话麻痹自己。

我当时老板的口头禅是“人家一周工作七天，你工作五天，怎么能拼得过人家”。因为那时年轻志大，并不抵触工作的辛苦，而是恐惧天天被限制在狭小工作空间中，会逐渐失去与外部世界的互动能力，所以对老板充满诡辩的“口头禅”非常抵触，甚至曾经一度用最坏的恶意去揣度老板“用控制时间的方式限制员工的眼界，搞愚民管理”之类。

于是，合同刚一解锁，果断离开，义无反顾。

多年过去，当初的同事已经散落在各行各业，事业有好有坏，但总体情况还是可以做出区分：忠诚于“997”的那拨同事后来多成了“下岗职工”，那些因无所事事地消耗时间而感到恐惧、并早早离开的“不安分”的人，经历了短暂的“落魄”之后，大多跟上了社会的“波流”。

企业里的人，大致可以分为两类：被动工作者和主动工作者。

被动工作者是那些以生活为第一要务的人，对他们来说，工作是生活的成本，是提升生活质量必须付出的代价，成本当然越小越好。他们在工作中呈现一种被动的状态：思考事情从自己出发，按部就班，很少主动张罗事，掌握一项技能就想吃上一辈子，最常说的话就是诸如“你交给我的事我从来都没耽误”之类的，最喜欢做的是那种显而易见、容易被领导看到的工作，因为这类工作收益最可靠。与前者不同，主动工作者不仅视工作为谋生的手段，还在于“工作本身是实现个人价值的载体”，对他们来说，为了实现个人价值，千方百计在工作中寻找机会才是重要的，发现机会之后，还要努力让自己满足机会的要求，为此去学习、去充电，殚精竭虑去提高自己。做到这些，他们投入的远不止“996”，而是全部。

由此可见，“996”根本不是企业的“第一性”事项。管理的正确姿势不是“996”，而是找到那些“主动工作者”，把他们引入公司发展的航道，这样的人多了，航道就成了洪流。

管理者必须认清楚，无论是主动工作者还是被动工作者，他们都不为“公司”工作，他们追求的是自己的人生目标，企业的航道承载不了他们的追求时，都会离开。而且，相比被动工作者，主动工作者离开之后，对公司的伤害会更大，这种伤害不仅仅限于离开，还有和公司抢夺生存空间的可能。

所以说，“996”之争并没有意义，琢磨着怎么让员工提高工作时长，更没有意义。企业还是要踏踏实实回到对管理的尊重上，对人性的敬畏上。让被动工作者得到善待，有尊严地生活；让主动工作者得到空间，实现个人价值。这是管理必须遵从的人道，符合天道的人道。

INSIGHT

变革实践

好干部是选出来的——国企干部选拔五大趋势

陈子让
华夏基石集团高级合伙人

无论是国有企业还是民营企业，干部选拔都是干部管理体系的重中之重，选拔什么样的干部代表着一个组织的文化导向，干部选得好不好影响着一个企业的未来，制约着企业的可持续发展。选好一个干部可以带动一大片，选错一个干部也会打击挫伤一大片。

干部选拔重于培养，甚至可以说干部选拔是最大的激励，从实践一线选拔干部，从成功团队中选拔干部，能够较好地保证选对干部的成功概率。而且干部的行为具有稳定性，能不能干事、愿不愿干事、能否干成事，他们过往的行为表现往往在很大程度上决定其未来的行为。

司马光说："君子挟才以为善，小人挟才以为恶。挟才以为善者，善无不至矣；挟才以为恶者，恶亦无不至矣。"因此国有企业在人才的选拔过程中，政治与业绩双重导向趋势愈加明显，而且在面向市场多元化选择人才的同时，也越来越重视自身人才梯队的建设，越来越注重引入科学的综合性测评体系，而能上能下、动态选拔任用干部也渐成常态。

趋势一：选拔标准更加强调政治与业绩双重导向

"自古昔以来，国之乱臣、家之败子，才有余而德不足，以至于颠覆者多矣"。新时代干部选拔中，政治合格往往作为选拔的第一标准。政治上过硬就是要坚决做到“两个维护”，全面贯彻执行党的理论和路线方针政策，积极贯彻落实党中央重大决策部署，忠诚干净担当。

在工作业绩方面主要关注以下三方面内容：一是关注业绩导向。主要围绕年度部门关键业绩指标完成情况，在此基础上，结合各单位业务特性，关注不同的评价侧重点。二是关注行业领先。以专业评价或体系评估为依据，强调同行对标与竞争。三是关注价值增量。在业绩目标完成的基础上，关注经营业绩及工作成效的增加值，强调自身进步与成长。

如中国运载火箭技术研究院（航天一院）在领导人员选拔中突出政治标准与业绩导向。航天一院近年来在型号研制工作方面成绩突出，“天宫一号”“神舟八号”“神舟九号”“神舟十号”“天宫二号”的发射成功奠定了中国航天强国的地位。支撑中国航天卓越工作成就的背后正是一支强有力的干部队伍，而这支干部队伍之所以能够拥有较强的战斗力，根源于其干部选拔体系，即政治标准是干部选拔的第一标准，为型号研制成功提供重要的人才保证；同时，又充分重视人才的技术专长，在保证政治合格的前提下，技术领导需优先选拔技术尖子。这样既能保证干部队伍体系政治路线方向正确，又能够真抓实干出效果。

干部要求既讲政治又讲科技创新。从这个信念出发，航天一院推行了一系列的措施，主要如：①保证科研时间，尽可能让技术专家专心从事研究、设计工作；②政治工作实施“两改”，即研究室支部由领导作用改为保证、组织和协调作用，研究室政治委员改为政治指导员；③发扬技术民主，技术问题不需要经过支部讨论，由技术人员充分讨论，既要发扬技术民主又要实施技术责任制；④技术尖子当班长，彻底改变科研单位干部的结构配置。

趋势二：干部人才呈现出内外部相结合的多样化来源

坚持五湖四海、任人唯贤，广开进贤之路。“治天下者，用人非止一端，故取士不以一路。”越来越多的国企不仅注重在企业内部破格提拔干部，也越来越注重从社会上吸纳优秀的成熟管理人才。人选来源渠道拓宽了，更有利于好中选优、优中选强。正所谓“凡用人之道，采之欲博，辨之欲精，使之欲适，任之欲专。”

如航天一院突破年轻干部任职年限，重点考虑干部的经验和能力的历练，勇于对年轻干部压担子，促进其快速成长。20世纪80年代末90年代初，航天一院面临“文革”前毕业参加工作的专业技术人员将大批量退休的局面，同时在出国热、经商潮以及传统论资排辈的思想冲击下，人才队伍面临青黄不接的情况。为此，航天一院提出大胆起用优秀青年人才，充实型号研制关键岗位。在航天一院破格评聘了一批“小高工”，为35岁以下的青年人才单独开辟通道，特别优秀的人才被评为高级工程师。这一激励培养人才的机制培养了一支干部队伍，其中不少人现在已成为型号领军人物、省部级领导干部、院士专家。

越来越多的国企不仅注重在企业内部破格提拔干部，也越来越注重从社会上吸纳优秀的成熟管理人才。

国电投资本控股有限公司从外部引进市场化职业经理人的做法也值得借鉴。国电投资本控股有限公司优先在其下属市场化程度高、发展成熟的期货公司及信托公司开展职业经理人试点，在信托及期货公司取得较好效果后，后期逐步推广到其他相关子公司。该公司职业经理人岗位设置根据下属公司的资产规模及发展阶段设置不同的职业经理人职数。如期货公司资产规模只有十几亿元的，其领导团队设置为一位总经理，两位副总经理；而租赁公司资产规模达到数百亿元的，其领导团队设置为一位总经理，三位副总经理。

公司本部及下属公司中层以上人员以及外部市场化成熟管理人才都可自愿报名进行职业经理人资格认定，只有获得职业经理人资格的人员才能参与职业经理人岗位的竞聘。只要被聘任为职业经理人，即按照市场化对标要求与公司签订经营业绩责任书，完全按照市场化方式付薪和考核。

上述案例说明，随着国企市场化机制建设的深入推进，国企干部用人制度正在打破一些条条框框的限制，优化干部用人结构，广泛吸纳各种管理人才，促进国企提质增效。航天一院破格提拔年轻干部，一方面使得有能力的年轻干部得到重任，“压担子”加快其成长；另一方面也有助于建立合理的干部梯队结构，为中国航天的可持续发展提供强有力的人才保障。

虽然国企内部培养的人才忠诚度比较高，对于企业的文化及管理风格比较认同，但国企并不能培养其所需的所有人才，需广泛吸纳各种人才，才能有助于快速弥补企业发展中的一些短板。国电投资本控股有限公司广泛引进社会化职业经理人，从其实际效果来看，大大提升了企业效益，给企业发展带来了活力。

趋势三：干部人才梯队培养为选拔任用提供可靠基础

目前大多数国企中层干部都来自“60 后”“70 后”“80 后”，“90 后”比例偏少。随着时间的推移，干部队伍平均年龄持续增大，将对企业管理决策和生产经营产生不利影响。为应对未来的干部人才短缺，能够在关键岗位空缺的时候选拔出企业所需的干部，就需要系统构建干部的人才梯队，在现任的高层、中层干部外，建立起相应的高层及中层后备人才梯队。

航天工程是个复杂的系统，总设计师、总指挥级别人才的培养是一个长期过程，必须有完整的人才梯队，而研制项目经历是知识结构与能力的储备，也是人才梯队建设的关键。

航天一院航天型号“两总”体系要求，成为型号总设计师前必须有副总设计师、特别是总体部技术副总设计师的任职经历。这一岗位对技术要求较全面，需要全面熟悉型号总体研制情况。在此基础上，再经过完整的型号研制过程的磨炼，才能胜任总设计师岗位。

具体来说，其关键的任职资格条件是：“较完整地参加过 1 个相关型号的研制或参加过相关型号 2 个以上主要研制阶段，有丰富的型号研制实践经验。一般需担任型号副总设计师 2 年以上”。类似的，型号总指挥人才要从有型号副总指挥或型号副总设计师职务经历的人员中选拔。而同时具有研究室主任经历和型号副总设计师经历的人员往往是型号总指挥选拔的首选条件。

可以看出，无论是国企还是民企，行业领军人才都是极其稀缺的。一个优秀的行业领军人才往往能够带动一个领域的突破，提升企业整体实力以及增强企业品牌影响力。而行业领军人才的获取又非常不易，因此企业内部提前 建设好这样的人才梯队就是必不可少的条件。航天一院有计划地安排人才成长所需的项目实践经历，使得人才真正得到实战历练，为选拔顶级人才提供了丰沃的人才土壤。

趋势四：选拔方式越来越注重引入科学的综合性测评

国企干部竞争性选拔中虽然有科学的评价标准，但印象分和人情分难以避免。那些口才好、现场感染力强的干部往往能取得较好的成绩，而部分能干不会说、语言表达能力较弱的干部处于劣势，在一定程度上影响了对能力和岗位适应性的考察。

同时，在国企干部“任命制”的惯性思维下，竞争性选拔在企业扎根不深，而开展这项工作会消耗大量的时间和资源，也使得部分企业难以经常性地运用这种选拔方式，而习惯性地选择组织或个人提名方式以简化流程。

近年来，部分先进国企在人才选拔中创新选拔方式，引入科学的综合性测评手段，大大提升了干部选拔的成功率。

航天一院借用航天型号研制技术状态管理模式，对领导干部选拔设计了科学的“初样、试样、测评检验”综合测评手段。

一是细化考察机制，严把干部任职初样关。对于组织选拔的干部，在延续传统考察测评 + 谈话的基础上，将测评项由传统的“优、良、中、差”测评 4 级细化为 4 大项 12 小项。对于竞聘上岗的干部，实行“文武双考”。“文考”采用笔试模式，通过文件筐、论述题对干部进行理论功底测试，通过 PDP（行为特质动态衡量系统）测试进行性格特征测评。“武考”采用现场答辩模式，通过随机抽取必答题，专业评委提问，对竞聘人的逻辑思维、临场应变、岗位认识、专业功底等进行多方面考察。

二是完善公信度评价机制，严把干部任职试样关。采取“双并行、一细化”。

对国企干部最大的激励是正确用人导向，用好一个人能激励一大片。

“双并行”分为两个层面，一是多类别评价并行，不仅评价组织选人工作总体情况，还对年度所有新任干部进行评价；同时多层级评价并行，不仅对新任厂所级干部在院职代会上进行评价，还对院属各单位新任中层干部在单位中干以上人员及职工、党员代表中进行评价。“一细化”则是在问卷设计上体现规范和精细，对问题和建议的测评，将可能存在的问题和可能提出的建议各归为 9 类，使测评具有针对性和可比性。

三是创新考核机制。严把干部任职检验关。按照“业绩考核 + 胜任力测评”的思路对全部领导干部实施考核，并将院属单位分为 4 类，分别建立胜任力评价指标，加强考核针对性。对考核结果进行全面分析，将测试结果向所在单位、个人反馈，明晰其改进、提高方向。

国企干部选拔“以德为先、任人唯贤、人事相宜”的干部标准是明确的，但如何落实在具体的选拔过程中是企业操作中常见的难题。航天一院在工作实践中进行了较好的探索，在选拔方式中多种手段相结合，选拔中及选拔后多阶段测评相衔接，确保选拔出的干部能够符合国企干部用人标准，并且通过这种全程全方位的测评也能够及时帮助干部调整完善自己的管理行为，有助干部选拔后的任职培养。

趋势五：促进干部流动，动态选拔任用干部渐成常态

“善用人者，必使有材者竭其力，有识者竭其谋。”对国企干部最大的激励是正确用人导向，用好一个人能激励一大片。只有对敢于负责、勇于担当、善于作为、实绩突出的干部大胆用起来，对不作为的干部坚决果断调下去，才能发挥较好的榜样作用，团结更多敢打事、愿意做事、能干事的员工。树立良好的榜样还有助于让其他干部能够对照着找差距、自动调整自己努力的方向。

在建立干部的正向激励体系方面，

建立科学的干部用人标准以及用该标准对干部进行选拔与任免很重要，同时建立动态的干部能上能下机制也很关键。国企干部往往上去容易，下来比较难，这与国企管理风格、企业文化以及相应的配套举措都密切相关。

华润燃气在干部能上能下的正向激励方面做得比较好，干部队伍整体风清气正，表现出了较强的战斗力。

首先，华润燃气采取干部队伍诚信合规一票否决制。借助党中央“反四风”建设，华润燃气进一步加强经理人作风建设，各企业开展了专项培训，管理团队均签署了诚信宣言。同时不断加大宣传力度，积极营造“诚信光荣、失信可耻”的良好氛围。此外，华润燃气还将诚信合规建设与阳光工程结合起来，在工程造价、物资管理等关键领域，严格落实诚信合规体系，打造华润燃气阳光工程。

华润燃气认为诚信无大小，诚信是不能碰触的高压线，对那些违反诚信要求的经理人，要采取一票否决制，要在全体员工中逐步形成对不诚信行为“零容忍”的组织氛围，让每一个员工都成为诚信合规的建设者、捍卫者。

同时，华润燃气通过“3C 领导力素质模型”动态调整干部队伍。华润燃气认为，经理人领导力是实现企业持续发展、推动组织变革、提升团队绩效的关键。根据华润集团经理人素质模型本地化的要求，几年来，华润燃气相继制定了《总经理工作十要素》，编写了《经理人领导力素质岗位化手册》，并通过培训、轮岗、交流等多种方式加快提升经理人的领导力。

华润燃气在集思广益、充分听取各方意见的基础上，编写了“3C 领导力素质模型”。该模型从“发展、管控和文化”三个方面，提炼出了“战略规划、政府支持、气源保障、无边界、学标杆、安全运营、勇于担当、坚忍不拔、以人为本、诚信合规”十项具有华润燃气个性化的领导力素质，每个素质均与燃气业务紧密结合，是做好燃气业务、管理好企业的关键点，明确了华润燃气经理人所应具备的素质、能力、价值取向以及必须遵循的行为准则。华润燃气把“3C 领导力素质模型”作为选拔、任用、发展和评价经理人的重要标准和依据。

“3C 领导力素质模型”不是空洞的领导力概念，而是通过总经理关键业务活动，变成可以量化的行为。这个模型不仅是对总经理的要求，也是对每个员工的要求，做好全部 10 项，就是优秀经理人，做好后 7 项就是优秀员工。

以“3C 领导力素质模型”作为考核内容，华润燃气年终对所有企业管理团队成员、大区助理、大区总经理等 10 类人群共几百人进行考核，并对每一位经理人的考核结果进行反馈，根据考核结果对考核排名靠后的经理人进行调岗、降职。华润燃气总部还会分别组织对工程、安全管理等不同序列经理人的“3C 领导力”培训，各大区组织对各企业中层以上管理人员进行培训。

华润燃气从干部作风底线、干部业绩及能力素质评价多个维度立体评价干部的任职情况，能够为更加科学、准确地建设干部能上能下机制提供客观依据。

干部能上能下是国企市场化改革的重要方向，而在国企具体实践中能够做到干部能上能下的并不多。这一方面是受到公司整体文化导向的制约，另一方面是缺乏科学的评价标准与评价方式。华润燃气通过干部选拔改革实践，使干部能上能下成为常态。这一方面与华润燃气整体的市场化文化及机制有关系，另一方面，华润燃气探索出的干部评价体系起到了非常重要的作用。

重识、重构、重建绩效管理体系

——跳出考核看如何提升组织绩效

云 鹏
管理学博士 原华夏基石集团合伙人
上市公司人力资源副总裁
海尔集团组织发展在线专家
海尔大学创客导师

- 绩效考核如何做才能不流于形式，既让领导满意，又让部门配合？
- 绩效管理中选择什么样的方法更实用、更有效？
- 如何才能保持组织绩效的持续提升？
- 人力部门在绩效考核中如何定位才能发挥更大价值？

组织绩效是企业的永恒命题，因为绩效反映了一个组织的状态：组织发展得怎么样，能不能发展下去，未来会怎样等。所以组织绩效管理是整个组织经营管理的重心，也是人力资源管理工作的发力点。

在实践过程中，公司一旦抓业绩、抓管理，大多数是从绩效开始。不管是抓个人绩效，还是组织整体的绩效，往往首先是老板觉得绩效有问题，然后责令人力资源部门跟进。可结果经常是人力部门的同事折腾得很起劲儿，老板不满意、部门不配合、员工很对立，搞得人力资源总监精神很崩溃。

绩效管理甚至被称为“世界级的难题”。尤其是在所谓的后工业时代，相比于工业时代，绩效管理的约束条件发生了巨大的变化，企业经营的外部环境、资源配置的方式以及企业内部的人员、技术、工作方式等，都发生了非常大的变化，且变化因素复杂交织，并存于企业组织中。

如一方面，工业时代的组织管理的集中化、标准化管控等特征在组织中依然存在；另一方面，“互联网 +”时代出现的组织分权、去中心化、去威权化及个体的个性化等变化日益突出。所以企业界普遍认可这样一个观点，即企业组织面临的是一个 VUCA 的时代环境，即易变、不确定、复杂、模糊。

在这种背景下，大家基本上也有一个判断：基于工业时代特点的经典的科学管理式的考核方式，越来越难以胜任企业的现实需要。尤其是在人力资源要支撑战略的要求下，未来的绩效管理何去何从？绩效考核怎么做才能不流于形式，让领导满意，员工也配合，同时又能够持续提升组织绩效？

笔者讲了 8 年的绩效管理课，在华夏基石做咨询的过程中以及最近两年在上市公司主管绩效体系建设的操作实践中，一直在持续思考上述问题。总体来说，我的体会可以归结为一句话：**绩效不是考出来的而是建设出来的**。

下面我将按照 Why、What、How 的思路谈谈组织绩效管理为何难做？组织绩效管理应该是什么样？组织绩效管理应该如何做？从重识、重构、重建的思路分享关于提升企业组织管理水平的策略和方法。

一、绩效管理为何难做——重识绩效管理

（一）辨识组织绩效管理的误区

第一种情况：业务变动太快导致绩效体系建不起来。外部环境变化太快，公司为了抓市场机会，积极拓展新业务，导致市场目标总在变，绩效考核就没法制定刚性指标，自然也没办法建立起绩效考核体系。

第二种情况：照着一套模板，自

己挑选着用。我见过一个公司请了国内比较知名的咨询公司做了一个绩效指标库，多达 600 多个指标，具体在使用的时候，人力资源部就捡一部分来用。到年底考核的时候发现 2/3 的指标出不来数据，最后只能凑合一下，随便出一个数作为参考。这种情况是很典型的，就是只有法和术，但没有具体的策略。

第三种情况：盲目跟风。比如最近很多企业在一阵风地学习 OKR（目标与关键成果法），能不能学得好，管不管用？恐怕真的是谁用谁知道。管理考核唯方法是不可取的。

第四种情况：抓不住关键。很多企业的绩效指标都是依据平衡计分卡建立的，往往一个岗位的指标有十几项，这种做法是能反应综合情况，但是因为指标多，权重就都很低。KPI（关键绩效指标）会发展成考核，最后的结果是综合分都不低，但是组织的重要指标没有完成，感觉没抓到点子上。

第五种情况：把强制分布等同于绩效提升。考核结果解释不清，为了把考核工作推行下去只得强制公布，导致考核最后成为发钱依据或者是裁人依据。像 2018 年年底，由于经济大环境的影响，许多公司宣布裁员 10%。有多少公司不是用考核的强制分布做到的？还有的情况是公司业绩增长很快，所有的部门指标都很好，最后也只得用强制分布，这样是不是就是绩效管理做得好呢？绩效强制分布是不是就等于绩效提升呢？

第六种情况：出现“堰塞湖”。经常会在实践当中发现，有些公司的一线业务部门的指标完成情况离预期相差很远，但是职能部门或者支撑部门指标完成得很好，甚至可以拿奖金。这种情况许多人也很不理解，其实就是管理中的“堰塞湖”，支撑部门和业务目标脱节，不畅通。

以上这些都是企业绩效管理中的常见问题，用一句话概括，是因为有误区，所以绩效难做。

（二）为什么会有绩效管理

从辨识误区往回推导原因，需要回到原点，探讨一下绩效的本质。

举个例子，农耕时代我们的祖先种地，要考虑每年的粮食产量，今年靠老天爷亩产收了 200 斤稻米，但明年想产出 250 斤怎么办？靠天吃饭保证不了，就得自己想办法修水渠、蓄肥、改良种所有的管理活动只要有改进提高的动机，就要有绩效管理，或者叫绩效考核。

子，等等。从 200 斤、250 斤最后亩产达到了 300 斤，这就是耕地绩效的产出。这是最原始的绩效管理。也就是说，绩效的出现实际上来自于人的原发动力：要多打粮食。

改革开放后我国实行土地承包责任制，为什么能释放出巨大的生产力和绩效活力？当时给农民讲“交足国家的，留足集体的，剩下的都是自己的”，农民就拼命地干、积极主动地干，希望多收，自己剩下的就多。前几年我研究海尔模式的时候，访谈张瑞敏，张瑞敏就说，海尔的“人单合一模式”从国家的联产承包制中受益很多。土地承包制为什么会激发绩效活力？其实也值得管理者思考。

那么，绩效考核是为了什么？

绩效考核的目的其实不是为了考核，它的出发点只是为了衡量，或者叫参照性的衡量。衡量为了什么？为了改进和提高。

所有的管理活动只要有改进提高的动机，就要有绩效管理，或者叫绩效考核。就像现在家里面的小朋友的身高，每个家庭都很关注，家里放一个有平均身高参考值的量尺，比如 6 岁男孩平均身高是 1.2 米，但自家 6 岁男孩却只有 1.1 米，你就知道了孩子身高不够，就要去研究怎么回事儿了，是营养不够、运动不够，还是睡眠不够？就会去寻找原因，制订改进和增高计划。其实这些都是建设性的措施，没有说哪个家长一看孩子身高不够，就骂孩子一顿让他自己想办法长高，达不到某个标准就开除的。肯定是通过积极的、建设性的行为来帮助他长快一些。

从这个角度来说，组织绩效是组织发展状态的“显示器”，它提供了评价组织发展状态的参照数据。那为什么绩效管理会从组织发展的“显示器”到令人讨厌的“绩效主义”呢？

这里有一个背景，即企业组织的发展实际上是在工业革命后，资本进入并有组织地进行规模化产品生产，推动了绩效管理的深化。随着科学管理的推动，组织中专门有了管理部门进行计划、组织、控制，投资与经营分开，管理与运作分开，组织通过细化的指标完成情况进行考核和奖惩。

越细化，越复杂。绩效管理就越来越具有功利性和目的性，做到极致就是把绩效考核的结果使用作为驱动绩效提升，甚至异化为绩效就是考核。导致很多时候一说到绩效管理，张嘴就是KPI，闭嘴就是计分卡。

所以大家在认识绩效弊端的时候，应该了解其实更多讲的是考核手段，不是绩效本身，绩效本身就是绩效衡量。

（三）绩效管理为什么难做

绩效管理为什么难做？原因是多方面的，我理解大致有以下几方面。

1. 组织管理的复杂性

组织管理的要素比较多，比如在迈克尔·波特提出的价值链管理当中就有9种要素。我结合实践经验，整合一下管理的要素是“四维一核心”，一维是组织的技术路线管理，二维是组织服务客户的流程管理，三维是组织的资源管理，四维是组织的人力管理，一个核心是基于四维要素整合的组织平台能力。

2. 绩效是一个系统工程

绩效管理是各个环节相互关联，又要长短期结合，因此出了问题往往都是疑难杂症。导致企业绩效的因素是综合的，包括人员和能力建设，组织的部门建设、流程建设以及客户的市场建设、财务的产出使用效率等，任何一个环节出问题，最终的绩效都不会好。

3. 绩效相关影响因素太多

看一个企业里影响绩效的因素包括选准的业务市场空间是不是足够大，商业模式是不是正确，战略方向是否对路，长短期目标是否科学合理，组织上下共识和协同是否到位，人员能力是否匹配，激励牵引到不到位，等等。这些目标最后都可以归纳为组织能力的指标，其他还有市场供需的影响、系统支持不支持，等等。所以说，绩效好坏有的是因为行业整体发展情况，有的是因为商业模式，有的是因为高层领导力的问题。

总之，影响绩效结果的因素比较多，不能够以偏概全，全部都归于绩效管理。特别是企业的创业阶段，对行业的选择、商业模式的选择，很大程度上是由创业者个人因素决定的。当然我们不否认领导个人能力的作用，但是在创业初期，的确绩效管理因素是比较少的，常见的情况是领导人看到市场机会，所谓市场爆发“风口上猪都能飞”，绩效很好，但那不是绩效管理发挥的作用。**所以，绩效好并不直接等同于绩效管理好，只有通过管理促进了绩效提升才叫绩效管理。**

4. 绩效指标建设方法导致的困难

这是绩效职能部门在做绩效时常见的困难。绩效指标的建立方法通常有三种：基于部门职责、基于战略目标、基于组织流程。现在用的比较多的是基于部门职责和基于战略的层级分解，而问题也在于这一点。基于部门职责有时候很难承接组织目标，组织越大部门越多，“部门墙”“流程桶”的弊端越明显，很难协同。经常是部门的指标都完成了，组织的绩效却不好，部门协同也一堆意见。

> 基于部门职责有时候很难承接组织目标，组织越大部门越多，“部门墙”“流程桶”的弊端越明显，很难协同。

基于战略目标的逐级分解也很容易导致期望衰减和承诺错位。对此我们有一个比较形象的比喻。我们在给国家电网做咨询时，曾以电力传输来比喻组织战略目标分解传递过程中存在的能量衰减问题。电力传输时，线路越长、接点越多，电压越小、损耗越大。解决办法就是用超高压电缆直达终端，所谓的长线路、端到端、少接点。

另外，还存在过于关注指标平衡，导致绩效指标过多的问题。指标设置是四平八稳了，但重要项也因而被淹没了，难以突出关键的指标。

绩效指标基于组织流程的提取也比较难，原因在于传统的流程往往是上下游的传递，只要做好上下游触点的交接环节就行了，实际上责任在于每个节点。而现在的组织流程需要全过程的交互，上下游的协同协作才能保证结果。这时候指标的建立就需要协调多个因素，同步迭代。这时信息化手段的使用、自我管理能力以及基于终端驱动的利益分享就非常重要。如果这些配套支撑系统做不到位，做不好，基于组织流程的分解也就不足为怪了。

5. 忘记了绩效的初心（出发点）

一个笑话讲，有一个人养了一条宠物鱼，没多久鱼死了，主人很伤心，决定厚葬这条鱼。但是，是土葬还是火葬？经过反复考虑决定火葬后再撒进海里，叫回归故乡。听起来是个理想结果，但当把鱼架在炉子上一烤，不一会儿传来了鱼肉香味，主人顿时眉开眼笑，开了两瓶啤酒，叫上酒友喝两杯，早忘了“送鱼还乡”的事了。

这个故事和绩效管理的道理颇有相通之处。我们看看现在有多少绩效管理，做着做着就有点儿舍本逐末了，重视了手段，忽视了目的，而把手段当目的，甚至衍生出其他目的。这种情况下绩效管理怎么做？所以，绩效的初心是什么？原点是什么？是整个绩效管理过程中要不停追问的、要坚守不移的——**绩效管理是为了组织绩效的持续发展，不是为了绩效的应用，绩效应用只是促进组织绩效的一种手段。**

二、组织绩效管理应该什么样——重构绩效管理思维

既是重构，也是回归常识，回到绩效管理的本质。

（一）回到原点，重新理解组织、组织管理、组织绩效管理

第一，组织的本质是什么？

亚当·斯密最早在《国富论》中提出来，劳动分工是经济增长的关键，企业是分工与专业化的产物。后来认为企业组织是专业化的协作组织，通过协作产生出超过个人生产力总和的集体能力。管理大师明茨伯格认为，组织其实就是任务的分解与协调。因此，**组织从本质上来讲就是一种关系，协同做事，通过分工组合产生大于个体效率的综合效率，这就是组织产生的初衷。**

《国富论》上讲过一个例子，说在手工作坊里，一个人一天也造不出一根针，但是通过在工厂里的分工协同，特别是再加上机器的利用，一个人一天的

所以我们在讲组织管理的时候，其实就是讲持续的改进循环。或者通俗一点讲，组织的管理是挖一个坑，让合适的人陷进去持续改进。

产量就可以达到4800根针。当然这是工业组织最初的组织能力，现在再讲组织能力，除了生产效率外，还包括渠道能力、品牌能力、专利权，等等。这些能力都是组织能力，是单个个体无法完成或者无法高效完成的。

过去讲组织能力，更多强调的是组织效率，而现在不仅是效率追求，更多的是体现能力所产生的价值。比如高通的移动内存处理器的标准能力、对价值链的控制能力。组织能力所产生的价值还包括绝对市场份额、专利权的组合与版权、客户关系、品牌、分销渠道的控制、技术研发领先等。如英特尔在技术研发的持续领先、戴森的功能性领先，当然也包括成本优势，像富士康的成本优势。这些都是决定这些企业能否长期存在的根本能力，**组织能力的好坏决定了组织的生存状态**。

第二，关于组织管理。

传统上讲组织管理，更多的是讲人与人协调的活动，讲计划、组织、领导、控制的职能和功能。如果把这几个职能和功能打通来看，它就是持续改进的链条，所以我们在讲组织管理的时候，其实就是讲持续的改进循环。或者通俗一点讲，组织的管理是挖一个坑，让合适的人陷进去持续改进。

德鲁克曾经讲过，管理就是组织一群平庸的人做出伟大的事。阿富汗战争时期，美国的联席参谋长斯坦利也说过，**管理的任务就是带领现在的人走向胜利，不是理想的人，也不是未来的人，就是现在的人**。

任何一个成功企业走过的道路，无不是从平庸到伟大的过程。比如说阿里巴巴创业初期的“十八罗汉”以及他们所拥有的资源等，与阿里巴巴现在高管团队的学历、经验、胜任力结构以及所拥有的资源配置等，简直不能相比。可以说，如果没有后续的阿里巴巴持续发展，人员结构的持续改进，阿里巴巴也一定走不到现在。当然，这样的例子还可以举很多。

这些成功企业是通过什么样的组织管理机制实现发展的？成功的管理典型，如华为的价值链管理——价值创造、价值评价、价值分配的持续循环体系。再如，海尔的“高单、高人、高酬”的人力资源价值增值管理模型，即在开放人才系统过程当中，通过有价值的高单来吸引高人，由高人创造高酬，高酬又重新匹配高单，从而吸引更多的外部人员进入的持续体系。这些都是持续的组织改进的最优实践。

总体来说，我们可以把刚才讲的“四维一核心”综合来体现，就是组织管理。

第三，组织绩效管理。

还回到刚才我们所说的阿里巴巴为何能引进那么多高水平人才？也就是说，怎么保证高水平的人才源源不断地进入组织，而不至于出现人才瓶颈？

目标牵引是有效吸引高端人才的途径。阿里巴巴最开始 18 个人创业的时候，最大的理想就是让天下的生意不再难做，这是最宏大的目标牵引。怎么完成？需要不断地有创造力的人进来。所以早期的创业者从开始就约定了退出管理，叫“拥制不拥管”，这是一个最基本的创始人的约定。当然，除了目标牵引，还有事业承诺、利益分享等，尤其是创业团队的核心人物马云的个人影响力，对于这个决定的影响和推动是最关键的。

可以说，组织绩效来自远大的愿景和具体行动目标的牵引，逐步落实行动目标、持续管理改进结果。组织的绩效管理就是在目标牵引下的持续改进和建设。

组织的绩效管理出发点是组织绩效的提升，通过牵引措施实现组织能力的提升，最终支持组织的发展。这其实是组织最重要的逻辑，靠逐渐地循环改进、坚持改进，从而提升绩效。

（二）回到组织绩效的本质：绩效是一个衡量器

绩效本质上是一个衡量指标，组织绩效展示出来的是“果”，导致这种“果”的其实是战略落地和组织能力的提升。也就是说，**战略落地和组织能力是“因”，组织绩效是“果”**。

由此回过头来看为什么有些企业组织绩效管理做不了，原因就比较明显了。一是缺少目标的牵引力，行动随意难以聚焦，执行力难以实现；二是缺少组织能力的支持，想做的事做不了，所有的想法都是空中楼阁浮在上面，就是空对空了。战略没有想好，中期规划没做，年度目标不清晰，满眼都是一件一件的事，做到哪儿算哪儿，凭感觉处理绩效，这不是绩效管理。当然，这种情况下，组织的绩效风险也比较大，受市场的波动影响很大。

组织战略落地来自持续的战略洞察、战略设计、客户与价值定位、利润模式设计、业务范围、战略控制点设计。

这些都需要一轮一轮的反复考虑，通过实践验证再修订，在此基础上通过已有规划展开市场目标、策略、行动计划、工作重点、预算、组织绩效指标和绩效监控反馈方式等组合，就构成了绩效目标的牵引系统。当然，这本身也是绩效能力。

这种能力对于很多初创或成长型企业来说可能一下子很难到位，但可以通过引进人员或者和咨询机构合作，通过辅导落地的方式来做，可能通过一个周期的实践，会有比较直观的效果。本人所在的这家公司近两年业绩实现了200% 的增长，最重要的原因是对于规划的设计落地，有目标牵引着走，基于此建设组织能力。这是这两年一个体会比较深刻的地方。

组织能力的体现可以从一些战略实践后的业绩关键指标来评价，比如说成本优势、功能领先、技术领先、渠道控制力、品牌、客户关系、专利、所有权的组合、市场份额（市场份额是说垄断领先型的市场份额的占有率）、价值链控制、标准的拥有等。这些都是对组织能力最终支持业务战略的衡量。

当然，组织能力还可以通过刚才所说的“四维一核心”这些操作层面的指标来显示。通过实践，我们对“四维一核心”进行了初步构建，包括：人力资源管理维度的价值创造活力、人力效率、领导力与匹配；资源管理维度的财务资源使用效率、资源池充裕度、谈判议价能力；技术路线维度的技术创新性、领先性、影响力、专有性；服务客户流程为主的流程效率、客户与市场的增长情况、客户满意度等，以及一个核心能力，即平台管理维度的战略清晰与改进、组织结构有效性、信息使用效率、风险防控等。这些指标可以根据具体企业的业务类型、发展阶段进行设计和评估。

总之一句话：提升组织绩效的关键是做好战略规划和落地，以及有意识地进行组织能力建设和能力提升。在这个前提下，其实组织绩效是顺其自然的，就是战略落地和组织能力提升的结果，是数量和质量的呈现。

对于整个管理的要求，也正在从数量指标压强和粗放增长，向有质量的发展和关键成果的增长转变。

（三）绩效管理的抓手正逐渐从外在动机向内在动机回归

我们可以关注一下华为的人才招聘，很多年都在强调华为要招的人是“胸有大志，一贫如洗”，现在已经悄然去掉了“一贫如洗”。过去讲“一贫如洗”就可以“重赏之下必有勇夫”，高奖励、高付出，“床垫文化”，等等。现在“一贫如洗”的人确实少了，只靠物质奖励对业务的促进没那么明显了。过去华为的任总经常讲，我们是把别人喝咖啡的时间都用来奋斗了，强调加班文化，牺牲休闲娱乐忙于工作，现在讲什么？“一杯咖啡吸收宇宙能量”，要经常泡泡咖啡馆。也就是说，业务类型和人员情况，以及工作方式其实都发生了变化。

我想说明什么？我们在做绩效管理的时候，传统的有三个理论基础：需求理论、期望理论、动机理论。需求理论讲人的五种需求从低到高，我们只有满足其需求才能够起到很好的激励作用，也就是我们现在讲的人性管理。期望理论和动机理论，在绩效管理当中也是非常重要的两个理论。期望理论是建立起激励和期望值的关系，将个人努力、个人绩效、组织奖励和满足需求结合起来。你只要努力工作，就能够有很好的回报。动机理论更是强化这种激励手段，认为只要能够达到一定的强度，就能够促使人的需要转化为动机。

人的动机分为两种，一种是外在动机，一种是内在动机。但是在绩效激励手段上，到目前为止更多的是用在外在动机上，如通过表扬、奖金、物质奖励、荣誉等实现对动机的牵引。外在动机有一个特点：时间短，作用效果很快，但其实也比较被动，负面作用也很大。**一旦建立了外在动机奖励和绩效的强关系，就形成了只能增不能减的怪圈，而且对内在动机还会有损害。比如说本来是基于兴趣做的，但是一旦转化为外在的奖金、奖励等激励方式，边际效益就迅速衰减。**

现在绩效管理的工作受环境因素的影响比较大。回头看一下组织绩效管理内外部环境的变化，整个管理环境正在从粗暴发展向精益化发展转变，从重资源投入向节约资源投入转变。这种情况下，对于整个管理的要求，也正在从数量指标压强和粗放增长，向有质量的发展和关键成果的增长转变。我们现在做组织绩效管理，面临着这样一个前提。

另外，管理对象也在发生变化。我记得 2017 年年底有一个词儿刷遍了朋友圈儿，叫作“佛系青年”。企业里做 HR 的朋友不知道有没有同感，身边的“佛系青年”越来越多，而且可能成为一种趋势，相比较前几代，年轻群体似乎更追求平和淡然的生活方式。受益于经济和社会发展水平的总体提升以及父辈的积累，有相当一部分年轻人在物质和精神生活方面很丰富了，对通过升官发财来满足需求的愿望下降。或者说“升官发财”、得到认可等不再是他们的工作目的了。他们认为生活的意义在于追求本性和兴趣，能提起他们兴趣的就是按照他们自己的方式和节奏去走。

年青一代的这种特点是时代背景里不可忽视的因素，它迫使组织管理出现新的趋势，即开始注重差异化、个性化。从整体上的统一步调，强聚焦、强压强、重结果、强外在激励，逐渐走向了鼓励个性、创新、过程辅导等。传统的管理方式也从激励牵引绩效改进循环，逐渐变成了绩效改进本身的循环。

需要强调一点，传统的绩效改进就是由计划到最终的结果使用、激励的完成，即从外在动机促进绩效改进，逐渐演化为内在动机促进绩效改进，激励和额外的奖励只是起到巩固和辅助作用，额外的奖励、意外的惊喜只是促进和加强这种内在的动机。

因此，不同时期对绩效管理的要求是不一样的，在不同行业里也不一样。比如说现在有些公司，特别是知识创新型公司每周都和员工做沟通，看重的是潜力而非过去的结果，绩效管理目标也不是评估绩效，而是驱动绩效。所以整个绩效管理的假设，其实逐渐从外在动机向内在动机转变，管理越来越聚焦于能力、聚焦于如何帮助做事者把事情做好。

三、组织绩效管理应该如何做——重建绩效管理体系

我的观点是具体问题具体分析，要根据企业的具体情况设计具体的操作方案，这里主要讲讲一般性、共性的问题。从一般性、共性的角度看看今天应该怎么做绩效管理。

（一）理念先行

理念有两个，一个是企业愿景，一个是关键目标牵引。关键目标牵引可以分解成“四问”——在战略分解当中当年的关键目标绩效是什么？分解的措施是不是有利于促进组织目标的产生、成果又是什么？由哪些部门和个人承担？主要衡量指标是什么？

首先是要通过“四问”，想清楚关键目标牵引是什么。所谓的绩效目标牵引，实际上是改变了原来的绩效计划、绩效过程、绩效评估、绩效反馈、绩效使用的循环，我们在绩效牵引当中就是抓住计划实施和反馈改进，甚至反馈改进是与计划实施同步的，短周期信息同步、过程可见，及时辅导跟进。这就是我想强调的：目标牵引，重在建设。因为绩效管理问题就是一个循序渐进的问题，就是一个建设的过程，急不得。

为什么我要强调循序渐进。因为我跟不少老板交流过这个问题，可以说很多老板心态上都是很急的。我说你要想搭建一个绩效体系就是急不得，华为搭建 BLM、BEM、PBC 绩效体系的时候，前后用了八年才基本搭建成，里面也是反反复复，不断改进，但没有急于求成，更没有半途而废。所以吴春波老师评价华为的管理成功之道：等得及！我们很多管理措施没有在企业见到成效，我觉得有个核心原因，就是等不及。

海尔从 2005 年开始做“人单合一”，到形成系统理论、形成操作工具用了十几年。绩效建设是一个长期的事情，不能争一时长短，尤其是指标的积累，它

就是一个长期的过程。我们经常在考核的时候觉得没数据参考，这个数据不积累怎么会有？

在搭建绩效体系的过程中，共识和协同也非常关键。即便有一套方案，如果形不成共识，没有系统化的执行方案也落不了地。绩效体系建设是一个综合性的事情，企业里不仅是思想认识要一致，要解决的事情也很多。比如说要事优先、人员能力、流程和信息优化系统支持的问题等，都需要一个一个地解决，最突出的是什么、短期能见效的是什么要摆在最重要的日程上。

绩效管理体系的构建一定是多个部门协同的事情，并不仅仅是人力资源部的事情，人力部门只是牵头汇总。而且，应该由高层领导和各部门一把手成立委员会牵头汇总，牵引流程，形成相互支撑的目标，而不是一个个割裂的独立指标。

（二）重视方法论

重视方法论更胜于重视方法的匹配，这是一个基本逻辑。

组织在发展过程当中几个“悖论”的平衡原则是要始终把握的。

第一是野性（激情）与理性的平衡。在组织快速增长过程中是鼓励一定程度的野性（激情）的，但是到了一定阶段以后，能力建设更多的是需要组织统一，基于战略能力的加强，要听从指挥，统一方向，更多的是一种理性，这是一种平衡。

第二是控制和分权。组织成熟了，控制多了，条条框框很多，但是都不能“打仗”。现在很多文章在提倡李云龙式的绩效管理，其实更多的在强调分权。这从一个侧面说明组织里的控制与分权不平衡了。当控制多了以后，强调分权的绩效指标就应该多提一些。

平衡的总原则我认为就是实事求是，具体问题具体分析，动态调整。因为所有的方法和方案其实都需要落地，落地就得有策略。我们经常会说学习优秀企业，那么多企业学华为，为什么学不来呢？因为你看到的经验都是华为几十年的集成，并不是今天才有的，而你把同样的工具拿过来后，用在你的企业，是不是切合实际？

所以还是要结合自己企业的特征深入建设，只有建成自己的方式才是最实用的。另外，一定要重视方法，重视方

下转98页 ▸

INSIGHT

聚焦HR

从华为实践到我的人力资源管理观 20 条

■ 作者｜彭剑锋　中国人民大学劳动人事学院教授、博士生导师，华夏基石集团董事长

管理就是实践，实践是理论研究者最伟大的老师。这是我三十年来治学路上的信仰、坚守的风格，也是我二十多年管理咨询实践中始终肩扛的旗帜。

1995 年我初识华为时，还是中国人民大学劳动人事学院的一位年轻教师。在读研究生时，我就不是一个传统意义上的安分学生，编书、卖书、搞培训、倒字画，也算有过一些经营实践。留校任教，走上教学岗位后，我总感到人力资源的管理理论是滞后于管理实践的。当时中国企业正步入市场化进程，而理论仍固守传统和原有的结构、体系，理论研究与实践需求相差甚远。

理论与实践本是一体两面，理论研究者不一定要去实践操作，但必须懂实践，必须保持对实践的敏锐感知力和洞察力。尤其是人力资源管理的理论与实践，它的研究对象，既是事，也是人。所以它是理性和感性的结合：既是一门科学，要讲究理性；更是一门艺术，需要感性和情感。在操作层面还要用灰度思维——过于理性或过于感性均不可取。那么怎么才能把握灰度思维？唯有一条路：在实践中发现和提炼理论，用理论指导和引领实践。

管理理论来源于实践，又超越实践；扎根于实践，又要引领实践。我认为，管理学研究者存在的使命和意义在于价值创造，要为企业的成长和社会的进步创造价值。我们从事应用管理学研究的学者的价值，应来自企业家与企业的价值认可，而不在发表了多少篇学者与学者之间自娱自乐的“引用”文章。因此，真正要从事应用管理学的研究并有所突破，必须深入企业、扎根企业的案例研究，待在学校、钻进学术的象牙塔里写远离实践的“八股文”，是没有更多社

会价值的。

华为对我影响最深的三个人

正是基于理论一定要与实践结合这样的理念，我才有幸在 1995 年走进华为，结识了任正非、孙亚芳和张建国几位对我影响至深的人物。

我一直认为，任正非不仅是一位伟大的企业家，更是一位人性大师；他的伟大之处不仅在于他打造了一个伟大的组织，也在于他个人超凡的人格魅力。

第一是他的大气磅礴、立意高远且执着的目标追求。任正非格局大、视野大、气魄大。我们第一次见面时他就说，“彭老师，你们人大这些教授，要想人生有所成就，必须跟华为走。十年之后，世界通讯业三分天下，必有华为一份！”这不是狂妄自大，而是自信坚定，这种气魄令人折服。

第二是他超前的用人理念以及博大宽广的胸怀。知识资本化，人才优先发展，他不仅是这种理念的倡导者，更是坚定不移的执行者。《华为基本法》融入了任正非独特的人才思想，完成了华为对人力资源的系统思考和顶层设计，而且华为坚持把顶层设计落地，最早致力于构建系统化的人力资源管理体系。

第三是他对人性的洞悉力。任正非是一位人性大师，具有极强的矛盾驾驭能力和“度”的拿捏、平衡能力。这体现为任总的灰度领导力特质：对人才的灰度思维使他能够包容有个性、有缺陷的人才；既舍得分享又强调业绩导向，既信任又监督……他对物质与精神、激活与约束、复杂与简单、粗与细等的平衡，对矛盾之间“度”的把握，少有人能企及！

第四是他既有奋斗不息的激情，又尊重组织理性。任正非的伟大之处在于他打造了一个不依赖于个人的组织，一支集体奋斗的“狼狈”铁军。把奋斗不息的激情和组织理性完美地结合在一起，打造了华为超强的组织能力，这是任正非超越一般人的地方。

第五是他的“血洗”（学习）能力与自我批判精神。我曾在一篇文章中把任正非超强的学习能力称为“血洗”知识的能力，他能博采众家之长、融会贯通，纳入自己的思想和知识体系里，并且能运用到实践中。在自我批判精神、危机感和超强的学习能力方面，任正非一直是我的楷模。

所以某种意义上来说，当年与其说

是我们在为华为提供咨询，不如说是华为和任正非在帮助我们真正理解人力资源，理解理论和实践应怎样联系起来。任正非很尊重我们这些老师，但实际上他和华为才是我们的老师。老老实实地说，我们这一拨国内最早研究管理学的学者，很多理念和思想是来自华为的启蒙以及在华为的实践感悟。

如果说任正非是华为人力资源管理的总设计师，那么孙亚芳则是华为人力资源体系的实际领导者。孙亚芳女士也是我非常敬佩的一位女企业家。第一，她对任正非的思想的理解和坚定不移的执行令人钦佩。第二，在操作层面，她总是能很好地平衡理想和现实，把任总的一些可能较为偏激的想法在操作层面上做修正，清晰地、务实地描绘出通向目标的可行路径，让任正非的想法能顺利落地。第三，每当在华为的关键时刻，她总能挺身而出。第四，她思维缜密、悟性极高、执行力极强，是一位善于发现人才、培养人才的优秀领导者。第五，她默默无闻、殚精竭虑，对华为的营销体系和人才体系做出了极为重要的贡献。可以说，她是一位既感性又有智慧的伟大女性。

早期华为人力资源体系的实际“操盘手”则是张建国。当时，建国是华为项目对接方的组长，我是顾问组的组长，作为甲乙双方的负责人，我们俩打交道是最多的。那时，因为一起讨论得太晚了，他就在我们顾问小组宿舍的客厅里住下了。他做事非常认真执着，天天督促我们立项目、做方案，共同商讨方案的优化。他是任正非和孙亚芳人力资源管理理念的坚定执行者。

建国是理工科专业研究生毕业，表面看上去是一个典型的“理工男”，性格内敛、思维缜密，做事务实、一丝不苟。但他内心深处其实很浪漫，有梦想，甚至有点理想主义情怀。当然他性格中的这一面，是我后来在与他几十年的交往中才发现的，这才真正理解他为什么这么能“折腾”：年轻时舍弃了高校教师的工作，跑到深圳“下海”进了华为，在华为做到主管人力资源副总裁的职位后跑去美国读书，回来后先后做咨询、创业，任中华英才网总裁，创办人瑞集团。

建国是华为第一任人力资源总监、第一任主管人力资源的副总裁，这是他的第一个经历。少为人知的是，他还是我们北京华夏基石人力资源顾问公司的创始人之一。从美国进修学习一年后，建国来到北京，与我等几位同事共同创办了北京华夏基石人力资源顾问公司，并担任第一任总经理。这是他的第二个经历。

我们一起愉快地合作了三年。后来他被今日资本的徐新看中，力邀他去中华英才网担任总裁。他应邀到中华英才网担任总裁后，率领团队开疆拓土、变革创新，实现了中华英才网业绩的高速增长，做到了职业经理人职业生涯的顶峰。然而，他却又放下一切，去上海创立了人瑞集团，开始了艰辛的创业生涯。

从深圳到北京，再到上海，建国不断地自我突破，走出舒适区，我很佩服他集咨询师、职业经理人、创业者于一身的丰富而精彩的人生。我也很欣赏建国既激情感性，又理性缜密的双重素质，在这点上他颇有些任正非的风范。

某种意义上，华为文化不仅成就了今日的张建国，也深深地影响了我。

我的人力资源管理观 20 条

在华为的咨询实践开启了我将理论与实践联系起来的治学之路和咨询事业之路，逐步形成和完善了我的人力资源管理观，最近在和张建国共论人力资源管理时，我又有了一些新的思考，现将之总结为 20 条，分享给各位读者朋友。

1. 企业经营的本质是经营客户，经营人才，但经营客户最终还是经营人才

经营人才的本质在于经营人性、经营人心，在于经营人的价值与人的发展。因此，人才经营主要包括三大核心内容：经营人的知识价值、经营人的能力发展、经营人的心理资本。人才经营的核心任务是要通过对知识、对人的智慧资源的管理，构建有效的知识交流、共享、应用、转换、创新平台，激活人的智慧和价值创造潜力，去放大组织的人力资源价值与效能；通过打造人才供应链与能力发展学习系统，来支撑战略目标的实现与业务的增长，实现人与组织的同步发展；通过有效的心理资本管理体系，提升人才的工作场景体验与幸福指数，进而提升人才对组织的认同感与忠诚感。

2. 人力资源管理不仅仅是人力资源部门的事情，而是全体管理者和全体员工的责任

人力资源第一责任人是 CEO，是各级经营管理者，企业一把手是企业的首席人才官。企业的每位管理者都要承担两大绩效责任：一是率领团队完成目标任务绩效；二是维系团队实现人才发展绩效。企业的首席人才官要跳出专业职能层面，像企业家一样去思考人的问题，要对未来趋势有洞见力，对客户需求有洞察力，对人才需求有洞悉力。

3. 人力资本的投资优于财务资本的投资，人才要优先投、舍得投、连续投

人才投入是价值回报最大的要素投入，最贵的人才，只要有效使用，就是最便宜的人才；最便宜的人才，如果得不到有效使用，就是最贵的人才。有多大人才投入，才会有多大产出，试图用三流的待遇去获取一流人才，还希望其做出一流贡献，无异于白日做梦。唯有一流待遇，才能吸纳一流人才，让其做出一流贡献。

4. 战略确定后，干部就是决定因素

企业家的自我超越与干部队伍建设是战略性人力资源管理的核心。企业家的领导力是企业成长的 “天花板”。如果企业家不能自我批判、自我超越，企业就难以走出过去的成功陷阱，企业的成长就会受制于企业家自己而“封顶”。干部队伍是组织的骨骼系统，骨骼系统如果不健全、不给力或者“长毒瘤”，那企业家空有好的战略，最终也落不了地。干部队伍建设三要素：使命、责任、能力，即赋予干部持续的使命激情、构建干部勇于担当责任的机制、打造有效的领导力发展系统。干部队伍这个看似最坚强的“骨骼”，往往也会成为企业最容易被攻破的“软肋”。最安全的地方往往蕴藏着最大的风险。所以干部队伍要时刻预防和铲除四种毒瘤：干部的官僚主义与形式主义；干部的山头主义与帮派主义；干部的腐败与堕落；干部的惰怠与不思进取。

5. 人才要以用为本、以价值创造者为本，而不是简单以人为本，以人性为本

人才不是古董，古董放着不用，不摔打，越“老”越值钱，而人才不用就贬值，不摔打就不能增值。人才不是摆设，不是用来“供养”和拿来“显摆”的，而是要用来创造价值的。不为企业创造价值的人才，就不是企业的人才。只追求拥有人才，而不提供有效使用人才的机会和舞台，是对人才最大的不尊重，也是对人才的最大浪费。合适即人才，有用即价值，有为才有位，不求人才绝对高端，但求人才最合适，最能有效地进行价值创造。因此，人力资源管理的核心是让每个人成为价值创造者并有价只追求拥有人才，而不提供有效使用人才的机会和舞台，是对人才最大的不尊重，也是对人才的最大浪费。

值地工作。

6. 人性的善与恶是一体两面，对人的认知与管理要用量子力学中“态叠加”及灰度管理思维

人的优点与缺点并存，是“态叠加”的混沌体。对人性的假设，过去是二元对立思维，非白即黑，非恶即善。但是，善与恶本是一体，同在个体之中，相互叠加，动态转换，人是善是恶，取决于内心的价值追求与外在的认知影响。从这样的人性假设出发，我们才能理解，为什么伟人也会犯错误，为什么小人物也能有大创举。

因此，对人的认知与管理，要有“灰度”思维。黑白叠加呈“灰色”，人无完人，优势与缺陷并存。优点突出的人，缺点也突出，再伟大的人有时也会管不住内心恶魔的冲动，偶尔也会糊涂犯错误。内心的修炼是一个长期而持续的过程。因此，从用人的角度来说，要包容有个性、有缺点的优秀人才。同时，对人的管理既是一门科学，又是一门艺术，既要科学理性地抑“恶”，又要艺术感性地扬“善”。要激活高智商的人才，用人就要有“灰度”思维，老板有时要装傻，对人才的小毛病、小缺点，视而不见，“水至清则无鱼，人至察则无徒。”

7. 用人的第一原则是优势发挥与长短互补

经营管理要善于发现短板，及时补短板，而人的管理、团队合作则要善于发现人的“优势”，保留短板，而不是急于补短板。有高山，必有深谷，只有发挥优势，才能激发组织中每个人的内在潜能，让每个人成为价值创造者。让每个人都有成就感，让每个人的才智在组织中超水平地发挥，才能人尽其才、人尽其用。没有完美的个人，只有互补性的完美团队，面对短板不是自补，而要互补。要扬长避短，而不是取长补短。保留缺陷，发掘自身优势，并学会欣赏别人的优势，与志同道合的人形成优势（个性、能力）互补的团队，进而发挥团队聚变的力量。

8. 文化管理是人力资源管理的最高境界，文化的力量不是来自墙头口号，而是发自人的内心，扎根于人的行为

文化能减少内部交易成本与管控成本，实现人才自我驱动、自我管理，使人的管理变得简单有效。人是企业最大资产，也是最大风险，因为人的道德风险最难控制。道德风险控制除了流程、制度、信息对称，更需要靠文化的自我约束与自我控制力，文化使人对规律有敬畏感，做事有底线，做人有良知、有羞耻感。人的发展的最大敌人是自己，自己最大的敌人是习惯性的思维方式与行为方式，组织最难、最深层次的变革是文化习性的变革。人的最高层次的需求不是自我实现，而是自我超越，追求心灵成长。

9. 物质需求与精神需求没有高低之分，只有偏好与侧重之别，物质激励与精神激励要并举

对人的需求的假设，过去是金字塔式的等级结构思维，基于马斯洛的需求结构模型，人的生理与物质需求是低层次的，人的精神需求是高层次的，自我实现的需求是最高层次的。但我认为，人的需求其实没有层序和高低之分，物质与精神并存，物质需求与精神需求始终是并行、混序、平等的。如果按照等级秩序的需求层次理论（马斯洛理论），那应该是物质财富越多的人，品德一定越高尚，精神世界的追求层次一定更高，但现实并非如此。富人未必精神需求层次更高，穷人未必没有高层次的精神需求。而且，人如果一味追求自我实现，会导致精致的个人利己主义，而现在更应倡导的是“利他取势”思维和追求心灵的自我超越与成长。

没有完美的个人，只有互补性的完美团队，面对短板不是自补，而要互补。要扬长避短，而不是取长补短。

10. 自然法则永远大于人为法则，对人的管理要符合人性及人的成长规律，但决不能迁就人性，纵容人性

人才管理要刚柔并济，该刚则刚，该柔则柔。对知识型人才要以柔为主、以刚为辅。人力资源管理的根本目的不是管控，而是激活和价值创造，要让每一个人都成为价值创造者并有价值地工作。对知识型人才要以柔为主、以刚为辅，对知识型人才的授权、激活和赋能，远比管控更重要。

11. 人才竞争本质上是机制与制度的竞争，是人力资源管理体系的竞争

人力资源管理体系包括四大支柱、四大机制、十大职能，其核心是绩效与薪酬。要以问题为导向，并基于战略，渐进式、系统性推进人力资源体系的构建。人才管理机制创新的四大抓手是责、权、利、能，即战略绩效责任承担与落地机制；有效的授权赋能机制；利益分配与激励机制；用人标准与能力发展机制。

12. 人力资源管理的核心是人力资源价值链管理，即形成全力创造价值、科学评价价值、合理分配价值的价值管理循环体系

人力资源管理的根本目的是要激活人的价值创造潜能，打造组织的客户价值创造及市场价值竞争能力，实现组织战略目标及人的价值成长。人力资源管理进入人力资本价值管理时代，价值管理是人力资源管理的核心，包括三大要素：价值创造、价值评价、价值分配。企业人力资源管理要形成全力创造价值、科学评价价值、合理分配价值的良性循环的价值管理机制。使好人不吃亏、坏人不得志、贡献者定当得到合理回报。

13. 互联网与数字化时代，人才使用权比人才所有权重要，有关人的数据化资产比物质财富资产更重要

要从人才所有权思维转为人才使用权思维。不求人才为我所有，但求人才为我所用。要打造开放、跨界、融合的数字化人才管理平台，整合全球人才，使全球人才为我所用。要构建内外跨界融合的人才数字化管理平台（包括粉丝人力资本），实现人的业务活动的数字化与管理，实现客户任务需求与人才需求的数字化精准对接与配置。

14. 树挪死、人挪活，人才内外适度流动和动态配置产生新价值。人才不能放任，使之懈怠，激活就是价值

要以奋斗者为本，适度竞争淘汰，让没有能力和贡献的人有情退出，甚至被无情淘汰。活力与压力是高绩效组织战斗力的来源。

15.学习是人才成长与发展的永恒主题

在工作中学习有三种心态：谦虚地学、批判地学、创新地学。要与正能量的人为伍，与高手过招，学会尊重对手，永怀“空杯”心态。

16. 人力资源管理是科学与艺术的融合，要基于数据与事实，需要专业工具与方法，更需要洞悉人性，有阅人的充足智慧与丰富经验

人力资源管理者要成为价值创造者，要致力于为组织贡献三大核心价值：战略支撑价值、业务增长价值、员工发展价值。

17. 以人为本，就是要尊重人性，让人有尊严、有成就感地工作和生活

对优秀人才而言，信任与承诺对人才是最大的压力和最有效的控制；让人才有成就感，激发人才的成就欲望，是最强劲的、用之不竭的内在动力。

18. 沟通是人力资源管理的生命线，没有沟通就没有管理，没有沟通就难以走进人才心里

企业内部的人际矛盾，70% 来自误解，而误解的产生源于沟通不畅、不及时。

19. 人才是客户，客户是人才，粉丝也是人力资本

要洞悉人性与人才需求，构建客户化、流程化的人力资源产品服务平台，让人力资源产品与服务具有产品属性、客户属性。

20. 人力资源管理要致力于打通战略、组织、人，构建三个共同体

人力资源管理打通战略、组织、人的内在逻辑关系，突破人力资源专业职能局限，站在经营的角度，实现战略、组织、人的一体化运作。未来企业经营管理的大趋势就是：战略生态化、组织平台化、人才合伙化、领导赋能化、运营数字化、要素社会化。人力资源管理要构建利益共同体、事业共同体、命运共同体：利益共同体是基础，事业共同体是根本，命运共同体是目标。光讲使命与事业，不谈利益分配，是愚弄人才，欺骗人才，骗不长；只谈利益，不讲文化，没有使命、激情，人才充其量是雇佣军，企业走不远。

事业合伙制将成为正确处理货币资本与人力资本矛盾关系的核心制度安排。华夏基石提出事业合伙制价值主张 32 字方针：志同道合，利他取势；共担共创，增量分享；相互赋能，自动协同；价值核算，动态进退。

认识组织的“六化”趋势，应对人力资源新挑战

■ 作者｜彭剑锋　中国人民大学劳动人事学院教授、博士生导师，华夏基石集团董事长

“人力资源管理工作越来越难做了！”近两年不少人力资源总监、首席人才官发出这样的感叹。的确，今天的人力资源管理工作相比较而言更复杂，面临的管理环境更不确定，企业对人力资源管理者的要求也越来越高。

现在，人力资源管理越来越渗透到企业战略当中，进入企业经营层面，这就要求人力资源总监要像企业家一样去思考人的问题，仅从人力资源专业职能层面去思考人的问题是不够的，仅靠人力资源部门几个专家也难以承担人力资源管理职责。

今天的人事总监要有人才的经营意识，要像企业家一样去思考人才问题，要洞悉未来、洞察人性、洞见趋势。尤其是在这么一个变革时代，要抬起头看天、看四周、看未来，要从适应企业未来的商业模式、组织模式发展变化趋势的角度，思考人力资源管理的变革发展方向。

那么，未来企业的经营与组织变化的趋势是什么？最近我总结提炼了组织变化的六大趋势，我称之为“新六化”，即战略的生态化、组织的平台化、人才的合伙化、领导的赋能化、运营的数字化、要素的社会化。

人力资源的所有管理变革要基于这六大组织变化趋势，去适应这个时代的新科技、新制造、新零售、新模式、新动能，包括新产业、新生态的新要求。

当然，人力资源的变革，尤其是组织转型与能力建设是一个系统工程，需要有顶层设计，需要从战略、组织、人、领导力与技术市场、资本等要素进行系统推进，需要从企业家到各级领导团队，到整个企业的运营体系完成一个系统的转型升级，不是靠人力资源部一个部门

能够解决的问题。

组织变化的六大趋势对人力资源管理提出了哪些挑战？应对与解决又该具有怎样的新思维？

趋势一：生态化战略思维与人才跨界融合发展

生态化战略思维与人才的跨界融合发展的挑战。大家知道，5G 应用普及以后，互联网将真正进入物联网时代，我把它称之为产业互联网时代。产业互联网时代将是一个深度关联、跨界融合、开放协同、利他共生，看上去很乱、无序，但内在有序的一个生态体系。面向未来，企业必须要有生态共生的战略思维，要去思考在整个社会化网络协同体系之中，怎么来定位自己，怎么找到自己的存在价值。

企业的战略选择，就是在整个社会产业网络体系之中、社会协同体系之中找到你的准确定位，找到你存在的价值，这就是未来企业的战略选择。

未来的企业主要有三类：一类是生态圈构建者。如阿里巴巴、华为、腾讯、小米，我认为这种企业，未来就是生态圈的构建者。另一类是生态圈的参与者，或者叫被生态者，如小米平台上的生态企业，温氏产业生态中的农场主。还有一类是超生态者，某些垂直或细分领域里面的一些隐性冠军，凭借它在垂直领域或细分领域中拥有的核心技术与核心能力，可以跟各种生态圈企业去合作、连接，这种企业称之为“超生态”。未来的企业都要有生态战略思维，才能在新产业生态中找到自身存在的价值。

案例 1：小米是家什么公司？

小米成功很重要的一条，就是用互联网思维去做传统产业，使传统企业不传统，并通过构建产业生态体系，为消费者提供高性价比的产品与服务。目前有数百家创业型企业加入小米的生态协同平台，小米为这些生态企业提供从产品设计到用户研究、产品研发，再到供应链管理、品牌营销、渠道，直到资本的全方位赋能服务。它所构建的就是一个生态协同平台，提供平台化的生态服务赋能体系。

小米今天已不再是一个手机制造企业，而是围绕消费者需求，为客户提供全方位价值的、线上线下高度融合的物联网公司。小米未来的价值在于拥有海量的消费者大数据，通过算力、算法为消费者的个性化需求提供不同解决方案。按照小米的说法，它是掌控大数据的物联网公司。因为它卖出去的所有产品，都能够把消费者的消费数据、消费信息，回到小米的平台上来。小米未来最值钱的是它的大数据，最大的资产是通过物联网平台所形成的消费者需求数据。

不管有多少家企业，只要是在小米这个平台上，所提供的产品在风格和品质要求方面是一致的。将来可能会有上千家企业、上万家企业，都能够在小米这个平台上为消费者提供服务。这时候小米的核心能力，就是产品设计能力、平台服务能力，它就可以是一个没有任何工厂的智能制造体系、是一个产品设计公司。

案例 2：百果园只是一家水果销售商吗?

百果园刚创业时就是一个传统的水果零售企业，五六年前，百果园的老板余惠勇提出：未来百果园不是一个传统的水果零售商，它是为消费者提供好吃而安全的果品的产业生态管理者。百果园由此进行了一系列改进和变革措施。

余惠勇认识到：消费者对水果的核心需求是安全、好吃、新鲜，而如果百果园只是销售水果，是没有办法保证卖出安全而好吃的水果的。要为消费者提供好吃的水果、安全的水果，必须要有产业生态战略思维，要有构建水果产业生态价值链的思维。

要为消费者提供安全、好吃的水果，至少取决于六大产业生态要素：第一，必须有全球基地。第二，优选品种。第三，要生态种植。第四，要科学采摘。第五，要全程冷链。第六，要有严格的品质标准。在产业生态战略思维下，从产业生态价值链的角度来做水果产业，核心能力就不再是销售，而是要对整个产业价值链六大要素进行整合与有效管理，致力于构建一个产业生态管理体系。

经过几年的努力，百果园已经从一个传统的零售企业，转化成了一个产业价值链生态的构建者、赋能者。

百果园所构建的产业生态，第一是

渠道生态，第二是产品生态，第三是赋能生态。渠道生态，即将百果园的销售渠道直接渗透到终端上去，通过线上平台的水果专卖店和线下的百果园店，将水果生态价值链直接延展到消费者，并且能实现线上线下的大数据聚积。产品生态，即围绕产品，整合全球的优质水果基地。百果园培养了100多个专业“吃手”，全球去品尝和采购水果。赋能生态是为合作伙伴赋能，比如一家专业种植芒果的农场，它跟百果园合作的好处是什么？第一，它能获得数据，知道消费者集中在哪里、对芒果的需求等，就能直接连接消费者，不必再经历一层一层的渠道商；第二，百果园可以帮它做产品研发；第三，提供金融服务，将来百果园还能提供专业人才服务、资源服务等。

由于水果的时鲜性等特点，水果销售企业大多做不大，但百果园这几年做到了100亿元人民币的销售规模，成为全球第一。这要得益于百果园的产业生态转型，通过产业价值链的整合，百果园不再是传统的零售企业的形态，而是产业生态的管理者、产业生态平台的构建者。

小米和百果园的实践就是我们所讲的生态战略思维。这种生态战略思维，对人力资源管理提出全新的要求。

第一，人才就必须要跨界融合、开放无界。如百果园从传统零售商转化成新零售商，转化成一个技术创新者、产业生态的管理者、平台服务者，这时候人才必须要跨界组合，人才的知识结构、能力结构必须要跨界。

第二，要打造人才生态，构建复合型的领军人才、经营管理人才和工匠人才的人才生态链。过去百果园的核心人才是店长，现在对人才的要求是既要懂技术，又要懂产业，还要懂管理的复合型领军人才、经营管理人才。而且生态平台要为产业链伙伴提供服务，就必须要有一类人专注于某一个产品、专注于某一种创新，同时也要求有工匠型人才，能踏踏实实做产品。

第三，人力资源开发要延伸到产业生态的参与者，对生态者现在要进行人力资源的赋能。如怎么选择合作伙伴？怎么对合作伙伴进行培训？怎么让合作伙伴认同你的价值观？怎么让合作伙伴愿意接受你这套体系等。

第四，生态战略下的企业家与经营

管理团队，必须要有新领导力，不是过去的二元对立的思维，要有生态共生的思维。这时候对企业的领导力，我们叫灰度领导力。要有跨界领导力，要有开放包容的心态，要有生态共生的战略思维，还要有自我批判的品格，善于学习、快速学习的能力。

趋势二：平台化 + 分布式组织模式

与生态化战略思维相适应，未来企业的主流经营模式与组织管理模式，我认为是平台化 + 分布式模式。平台化既是一种经营模式，也是一种组织管理模式。像淘宝网、滴滴打车、小米，就是一种平台化经营模式。像华为、美的、海尔、韩都衣舍，就是平台化的组织运营与平台化的赋能模式，我们称之为“平台化赋能与运营模式”。

未来的企业就是两种模式：平台化经营模式和平台化组织管理模式。作为平台化组织管理模式的典型成功案例，华为已成为具有全球竞争力的世界级企业，那么华为赢的道理是什么？

我认为华为赢在两个方面。第一，赢在高强度的技术创新投入。华为每年砸进去上千个亿做研发，从 1998 年开始到现在，每年研发投入占其当年总营收的比例超过 10%，现在更是达到了 15%，中国没有一家企业真正像华为那样，在技术创新上舍得花钱。

第二，华为赢在组织与人。华为建立了强大的组织平台化资源配置能力、赋能能力与持续奋斗的人才激活机制。许多企业都十分赞赏任正非的一句话，“让听得见炮声的人去做决策”，都想学华为的“铁三角”，但是恰恰忽视了学习华为为一线提供炮火的平台化管理与赋能能力。华为本质上是一个强矩阵组织模式，所谓强矩阵就是平台化 + 项目式 + 分布式。华为最厉害的就是它的系统化、平台化的管理体系：总部的十大管理平台，中台的三大服务体系，为一线作战提供空中支持，提供好的枪支弹药和粮草。

企业的组织变革，如何提高集团总

部的平台化赋能能力、资源配置能力，这是中国企业在组织变革过程中，必须要关注的。企业没有平台、没有“炮火”支持系统，是实现不了“让一线去呼唤炮火”的。如果企业没有平台赋能能力，只有管控能力，下属企业或事业部赚钱的时候，就会离你远远的；赔钱的时候，就找集团，找总部，所以总部就变成了债务责任单位或抓“特务”的监控机构，就会陷入“一统就死，一放就乱”的管理怪圈中。

美的花了5年的时间，才把散在各个事业部的公共资源配置能力提升到集团总部，建立了10大平台体系。美的经过这一次改革，它的国际竞争力、产品竞争力、技术创新能力，比以往任何一个时候都强。所以我们说如果没有组织的升级，企业战略升级是一句空话，还是一个个体户的集中营，所以我们要学华为和美的的组织平台系统。最近一些企业家很苦恼，主营业务现在增长乏力，老板发现新的发展机遇与新的业务增长点，但新事业与新业务就是发育不出来。

当然，组织的平台化+分布式，也对企业的人才发展提出了全新挑战，主要有以下几方面。

一是组织平台化+分布式可能会使人力资源“三支柱”管理模式失灵，KPI可能失效。因为“三支柱”还是按照直线职能制这套体系设计的，并不是基于平台化+自主经营体。那么新的管理支柱是什么？如，在平台化+分布式组织模式下人力资源部门如何重新定位？

二是如何构建适合平台化+分布式组织的人才任职资格体系与职业发展通道，扁平化组织下的人才职业发展空间与途径。组织扁平化、网状结构化后，中层管理消失了，那么这些中层管理人员去干嘛？如果没有职业发展空间，这些人就没有职业成就感。还有组织平台化+分布式后、组织扁平化后，人才可能一步就到了精英层面，不会是“之”字形的发展过程了，那么传统的任职资格体系将面临挑战。

三是如何从以岗位为核心转变为以工作任务为核心、以人为核心。传统的人力资源管理是以岗位为核心，现在则强调以工作任务为核心、以人为核心。这几年为什么今日头条发展很快？今日头条的整个人力资源管理，就不是KPI，而是OKR。今日头条的人力资源管理是以人为核心，不是以岗位为核心；是以项目运作为核心，以平台化＋项目运作制为核心。所以它就能够集聚一批具有创新精神、具有企业家精神的人。同时，获得平台支持，获得流量支持，迅速做到足够大的规模。这时候的人力资源管理，绝对不是以岗位为核心，一定是基于客户需求为核心的、工作任务为核心的赋予式人力资源管理。

四是平台服务与赋能机制下的劳动价值核算。分布式、项目制，会出现大量自主经营体，自主经营体条件下，不是按照战略绩效解码，而是每个团队自己给自己提目标，自己给自己压力，相互之间竞争。如果你不想做大，或者是做不好，那么平台的重要客户资源就不会配置给你。反之，创造了客户价值，团队做得越来越大，所有的资源就配置给你，很简单。这时候，绩效考核绝对不是往下压，绝对不是战略绩效层层分解，而是需要新的价值核心体系。

趋势三：人才事业合伙化

人才合伙机制已经成为一种主流的人力资源激励机制，人力资本跟货币资本的关系，不再是资本雇佣劳动，剥削与被剥削关系，而是平等合作伙伴关系。这种发展趋势下，人力资源管理要解决的核心命题是什么？

如何满足知识型合伙人的需求。知识型合伙人有三大价值诉求：我光拿工资不行，我要分享利润；我光被你管不行，我要参与企业的经营决策；我要有成就感。怎么才能满足知识型合伙人的这三大诉求？让所有人面向市场，面向客户价值创造，而不是面向老板、面向内部，让知识分子在市场竞争中、在相互竞争中去激发潜能，创造卓越价值。

为此，我们提出了事业合伙机制32 字方针：志同道合，利他取势；共担共创，增量分享；相互赋能，自动协同；价值核算，动态进退。中国很多的企业发展到今天，不能再像绿皮火车那种动力系统，全靠火车头带动，靠老板一己之力驱动是不行的。现在就是要通过合伙机制，让每个车厢都有发动机，都有自驱动系统。

永辉超市这几年发展速度非常快，2018 年已经做到 600 多个亿。永辉超市靠什么？就是靠事业合伙人制度。永辉超市叫作 OP（内部合伙人）制度，我们称之为增量分享制度。合伙人不承担企业经营风险，但要担当经营责任，根据价值进行多次利益分配，灵活退出。这种合伙人制度通常与法律风险无关，而是注重团队与个人的价值贡献，注重自身价值、人脉与资源。

这种模式现在比较受企业欢迎，因为能承担风险的企业家型人才并没有那么多，不能承担经营风险，那就承担经营责任，完成经营目标后实现增量分享，而不是去分老板的存量。

永辉超市所有的员工合伙人基于价值创造来进行分级利润分享，这样就调动了所有人的积极性。比如一个搬菜工，当他知道搬菜造成了损耗中有他的一份损失，他肯定就会认真对待了。

“绝味”连锁这几年的发展势头超过了同行业的老品牌“周黑鸭”，最重要的原因之一就是轻资产运营模式。它整合了成千上万夫妻店加盟，每个加盟商进来以后，要进入自治管理委员会，自己定标准，加强品牌维护，解决利益分配问题，叫自治。另外一个很重要的因素是“绝味”没有把钱投在直接建终端店上，而是把 10 亿元投入在信息化建设上，投入在中央厨房建设和产品创新上。从整个产业价值链掌控核心的产品，保证产品的竞争能力，同时通过信息化，聚合成千上万个合伙人的店。

我认为“绝味”的做法代表了一种趋势。互联网时代一定是通过连接，实现合伙化共创事业。

在事业合伙趋势下，面临的人力资源问题有事业合伙人的选拔标准、范围是什么？合伙人如何进行动态进退？合伙人机制下的人才怎么成长？合伙人机制的文化管理，怎么来实现绩效统一，让大家既认同目标，又有不同的文化价值诉求等。

趋势四：领导赋能化

传统的企业是在金字塔科层制管控模式下，组织的运行是以最高领导权威为单一路径，各级领导的基本职能就是指挥、命令、监督、控制。领导的权威来自单一威权中心的职位序列所赋予的职权，所以职位越高，权力和资源越集中，老板就是“绿皮火车头”。

现在是分布式、多中心制，企业是多中心，是多动力的动车与高铁，每节车厢都是老板，都是自主经营体，都自带动力，组织运行一切以客户为中心。领导的核心职能是洞察趋势，指明组织前进的方向；创新机制，激活组织的动力。领导不再是高高在上的威权领导，而是复合型领导。

这时候，对老板来讲，不再是高高在上地坐在办公室指挥命令，而是要深入一线洞察市场与客户，授权一线决策。整个企业也从以老板为中心调动资源转向平台化、多中心、多层次，依据一线需求进行资源调配和赋能。

这种运行模式跟传统的领导方式完全不一样，这时候领导一定是使命和愿景驱动。一个领导如果没有能力，没有个人影响力，光靠职位是不会有影响力的。未来的领导者，就必须要洞悉人性，不光是做事，更要搞定人，为他人赋能。

趋势五：运营数字化

未来的组织要真正实现平台化管理，前提条件就是实现运营数字化。运营数字化的前提，是人才业务活动的数字化。数字化现在已经成为企业的核心战略。企业进行数字化转型，实现运营数字化，从经营市场到经营数据是中国企业未来战略的必然选择。

未来，一个企业的核心能力就是你是否掌控海量的数据，要依据海量的数据，为消费者提供解决方案的算力。当然底层是算法，算力和算法将成为企业新的核心能力。

数字化运营，包括数字化的战略思维与商业模式，数字化的领导力，数字化的组织与人力资源，数字化的运营平台，数字化的客户链接，数字化的人才管理等。数字化运营对人力资源管理提出的挑战有企业的数字化生存能力与人才管理的数字化、业务活动与消费行为的数字化表达如何呈现？基于大数据如何进行人事决策？以及人才的数字化工作与场景体验、人才发展产品与服务客户化、工作场景体验与互联网多技术综合应用等。这些都是对人才管理提出的新要求。

趋势六：要素社会化

未来在产业互联网时代，产业与生产要素日趋社会化。所谓要素社会化，就是企业生产要素社会化以及产业要素社会化。因为在产业互联网时代，一切皆可连接，一切皆可交互，一切产业资源与生产要素都可以进行社会化、全球化，整合起来为我所用。

产业的技术创新要素、人才要素、品牌要素、资本要素，将日益社会化。不求人才所有，但求人才所用；不求资本所有，但求资本所用；不求资源所有，但求资源所用。也就是说，人才、资本、资源都要从过去的所有权思维，转变为使用权思维。

未来，企业构建的是平台、是生态，而只有当所有的要素资源在平台上去展示、去发挥作用、去放大个体价值时，才是真正的平台和生态。这对组织和人力资源提出的要求有以下几方面。

第一，开放合作，要将内在的产业要素社会化，转化为社会化的共享与基础体系。未来可能像阿里巴巴、京东这种生态企业，为社会所提供的是基础平台。一方面是内部的产业要素要社会化，为社会提供基础平台。如京东的物流，未来只有为社会提供基础性的物流平台体系，它才有生命力，否则一定会遇到成长的瓶颈。企业内部要素的社会化是一个发展趋势。另一方面，要将社会化要素内部化使用，开放、合作集聚社会资源。有想法的、有创意的都可以为我所用。就像苹果公司一样，从0到1的创新都是社会的，都不是苹果自己的。但从1到10、从10到100才是放到苹果的平台上去发展的。因为从0到1的创新一定是靠天才，企业不可能培养那么多天才。从0到1的创新就得社会化创新，要跟社会化资源进行链接，懂得去选择。把好的0到1的创新，放在我的平台上实现1到10、10到100，这样企业的创新成本最低，创新最具有活力。

第二，人才要素社会化与雇佣关系、劳动关系的重构。优秀的专业型人才，如教师、专家、医生等都应是为社会所用，只有为社会所用，他才能实现价值最大化。

当然，人才要素社会化之后，企业也将面临全新的管理命题，如员工的归属感与员工的忠诚感怎么衡量？人才激励到底怎么激励？人才社会化以后，人才如何进行平台化管理等。

总之，人力资源管理发展到今天，对企业的首席人才官、人力资源总监提出了全新的挑战。要求我们转变思维，像企业家一样去洞察客户需求，洞悉人性，洞见未来，要适应未来的战略生态化、组织平台化、人才合伙化、领导赋能化、运营数字化、要素社会化，去进行系统的创新和变革，这样人力资源管理才真正上升到战略层面。

注：本文根据彭剑锋教授在中国人力资源开发研究会主办的“2019年（第七届）人本中国论坛”上的讲话整理编辑。

◂ 上接75页

法背后的逻辑。没有最好的，只有合适的。

有一阵子大家比较热衷于OKR（目标与关键成果法）的绩效管理方法，但是如果要引入就必须要考虑这几点：组织和人力资源的成熟度是不是高？员工的工作动机是不是内在动机？组织结构是不是扁平化、有弹性？组织文化是不是开放包容？绩效文化是不是开放公平？奖励方式是不是有惊喜？是不是在大量的小团队工作前提下，组织管理更多的是强调自我管理和组织过程辅导？如果这些特征不具备的话，要使用OKR就是事倍功半，甚至不合适。这都是绩效背后的逻辑，就是不要只看到方法和成果，要看到方法取到好效果背后的那些因素。

最重要的价值往往是由少部分关键要素贡献的，所以一定要简单简捷，抓关键指标的驱动作用，不要过分复杂。

（三）阶段匹配

绩效方法要和组织、人力资源相匹配，不同阶段要有不同的选择。对于快速成长期、业务成熟期、多元发展期的企业匹配的绩效指标是不一样的，比如说快速成长期更多的是强调流程导向，重业务、抓市场、指标尽可能简单，体现流程和成果导向。

业务成熟阶段，更多的是能力建设，体现到市场对标，显示组织能力状态。这时候人力效率、财务效率、组织综合竞争力指标要成为关键指标，组织的复制能力要强。

多元业务发展阶段，要根据财务或者是战略管控定位，抓赋能和效率管控。集团平台要突出战略、人才、财务、法务、IT（信息技术）、投资等的综合能力，以及对子业务的支持。对子业务的绩效管理两手都要抓，一方面是效率管控，另一方面是牵头赋能。

（四）绩效策略

我们在进行绩效管理的时候，有几个原则我觉得一定要把握。

一是简单简捷。就是“二八法则”，

最重要的价值往往是由少部分关键要素贡献的，所以一定要简单简捷，抓关键指标的驱动作用，不要过分复杂。比如平衡计分卡其实是一个思考工具，提炼关键指标的时候其实还是要聚焦到关键目标是什么。思考指标时可以全面，但是作为关键指标的显示不能有太多细节，不要把驱动要素和结果都显示出来。我们在设计指标时可以有不同的设计方法，比如说即期财务收益和当期关键绩效挂钩，组织能力建设可以放到任期考核里来做；平时业绩来自承接组织目标分解，奖金分红来自业务终端绩效和部门协同，晋升重点看能力建设等。

二是针对性。就是缺什么考什么，差什么建什么。例如，绩效管理体系一个重要问题是建设过程中经常会面临指标缺失和没有数据，怎么办？不能量化就先质化，一级指标没有就到下一级指标去找数据，没有数据就先做起来，哪怕不是很科学。

三是专业细化。在关键业绩指标导向成功要素的同时，能力指标还是要建立起来。能力具体指标要细化到能够和市场同类数据做对标，从而判断组织的成熟度。比如说以人力部门为例，人均利润、人均产值、单位成本利润、单位成本收益、人员匹配率、人员胜任度、高潜队伍建设状况等都要作为能力指标。有时候甚至可以用这些指标反推，提出考核目标。

四是高压直达。减少分解的节点和承接环节，企业层面的经营指标尽可能直接穿透到层级和部门，能承接到个人就承接到个人，承接不到个人就承接到最小的组织单元。作为下级的承接，指标构建要从下往上，承接到战略指标，要上浮一个层阶承接指标。所谓上浮一个层阶是说只升维不降维，组织层面的指标要承接到集团层面，部门层面的指标要承接到公司层面，个人层面的指标要承接到部门层面，这样的话整个指标就更有战略意义。

五是加强流程相关部门对关键指标的审核。这对于统一方向、保障一线业务的达成、促进部门协同具有重要意义。

最后，用两句话做一下总结：第一，所有组织绩效的改进最终落脚点都是耐心持续建设，而不应该是一个方案或者是某一个方法。第二，所有绩效改进的形成都是基于原则指导下的实践，否则行动可能就会跑偏。

注：本文根据云鹏博士在“管理之声——华夏基石读友会”的线上分享录音整理。了解及申请加入读友会，请联系本书编辑部。

INSIGHT

阅读·分享

战略导向下的管理体系设计

施 炜

华夏基石集团领衔专家
中国人民大学金融与证券研究所高级研究员

去年我写了一本书叫《管理架构师》，副标题就是“如何构建企业管理体系”。写这本书与华为有一点间接关系。同学吴春波写过一本书叫《下一个倒下的是不是华为》。有一次和他一起吃饭，他讲了他和任正非的一段对话。吴春波问任正非，什么是华为的核心竞争力？任正非认为，钱肯定不是，那么多有钱的企业都灰飞烟灭了；人才也不是，因为人是流动的，一茬接一茬的。进一步讲，技术也不是，因为技术是变化的，今天的技术和明天的技术不一样。后来任总说，华为的核心竞争力是管理体系，它是承载华为多业务发展的坚实跑道。**所谓管理体系，就是企业流程、制度、规范的集成。它是独立于人的。**

每个人都要遵守这个体系。这是我写《管理架构师》的缘由之一。

构建管理体系，肯定需遵循战略导向的原则。企业的发展和成长，有三个重要的因素，叫作“一心二门”。所谓“一心”，就是心之所愿，也就是成长的动力和内在的驱动，也可以叫作使命、宗旨。“二门”，一扇门是战略，一扇门是组织。任总也说过，一个企业要发展，战略上要大体正确——因为战略不可能绝对正确，组织要充满活力。战略和组织这两个因素是高度相关的。我觉得管理体系就是战略和组织之间的桥梁。管理体系，可以把它理解为是战略的组成部分，具有战略属性。同时，管理体系又是组织的要素之一。组织等于人 × 体系。人就是每个个体和每个团队。它们像一棵棵树，生长在土壤之中。这个土壤就是组织机制。而组织机制，就是管理体系。

一、战略活动化

上面标题的意思是，将战略思想转化为战略活动。任何战略思想，最重要的部分，都是经营思想。战略首先是要解决经营问题。战略思想或者说经营思想，一定要转化为企业的价值创造活动。

（一）价值链

企业无论做什么业务，或是做手机，或是做瓶装水，抑或做咖啡……所谓的战略思想，都融合、嵌入在价值创造活动之中。而价值创造活动，最基本的分析工具叫价值链。这是迈克尔 · 波特在30 多年以前发明的一个分析工具。我反复思考，这个链条到目前为止还是成立的。我们把“价值链”按照现在的理念，按照端对端的思想，可以画一个圆。它是一个顾客导向的闭环（见图 1）。这张图，就是企业的总流程图。不同的企业，有的是做服务的，有的是做工业品的，有的是 BtoB，有的是 BtoC，总流

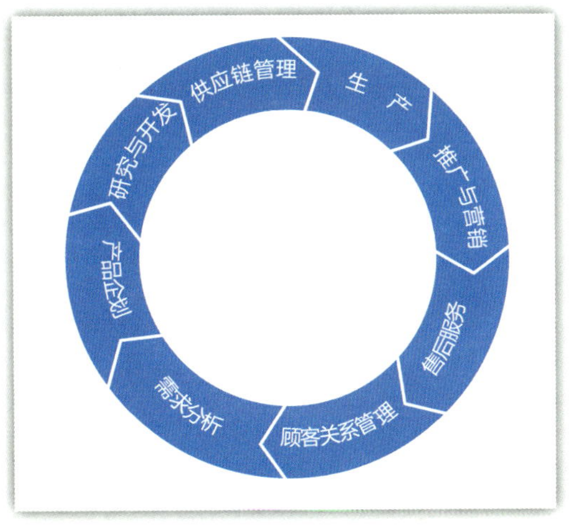

图 1　需求导向理念的“端对端”价值链

程有差异。如果抽象出制造业模型出来，基本上是这样的。那么起点在哪里？起点是需求分析。从需求分析、产品企划、产品开发，到集成供应链、生产，再到推广营销、售后服务，再到顾客关系深化，这就是一个比较标准的端对端的企业经营总流程，可以用三个字描绘，叫“价值流”。企业创造价值的过程像一条河，这条河里面不断有支流汇入；这条河，水越来越大，因为价值增值了。战略需体现在价值链和价值流里面，这个很容易理解。

（二）价值链与商业模式

很多朋友说，现在商业模式复杂了，战略落地的第一步往往是落到商业模式上。直接说到价值链，商业模式往哪里摆？**商业模式总共有三种形态，这是我的一个概括。**

第一种形态是价值链型，它是商业模式的基本形态。有一本书，在商业模式领域里面销量可能是全世界最大的，叫《商业模式新生代》。这本书讲了商业模式的9个模块（见图2）。这上面就是一个价值链。目标市场、价值定位、沟通和分销（把我们和顾客连接起来，这基本上属于营销的范畴）、价值创造也就是研产销；还有外部价值网，也就是外部供应链等。与图1内容基本上一致。

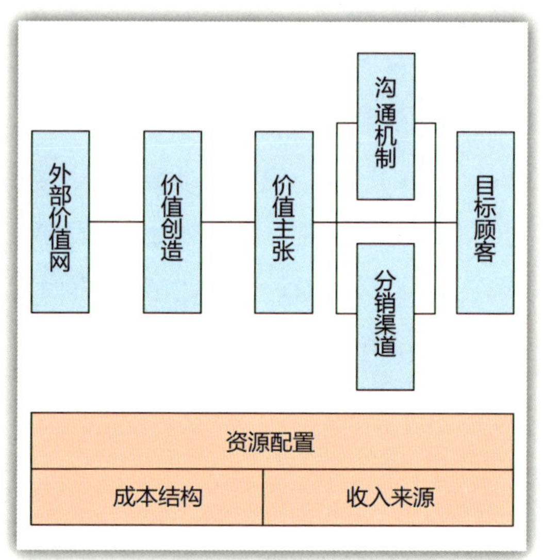

图2　商业模式的9个模块

可以得出一个结论，如果企业的商业模式是价值链型的，从价值链开始分析一点问题都没有。99%的企业其商业模式都是价值链型的，且几乎所有的制造企业的商业模式都是属于这种类型的。

我们再看复杂一点的**第二种形态，顾客资源型**（见图3）。最近，大家比较关注瑞幸咖啡，它目前是这么一种商业模式：用一个初始价值，就是那个小蓝杯——不仅仅是小蓝杯，它是主要的载

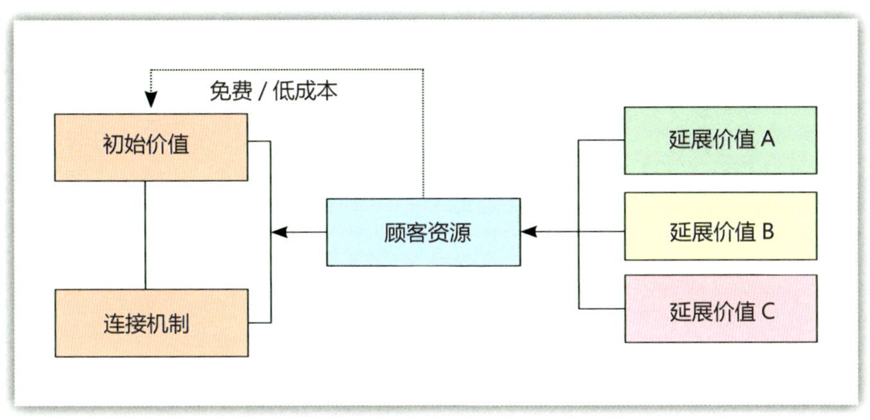

图 3　顾客资源（流量）型商业模式结构

体，通过低价格甚至免费，用一定的连接机制（如 App、线下终端等），把顾客资源集中起来。我的手机里面为数不多的 App，也有一个瑞幸咖啡。瑞幸在中国人民大学西门那儿有个店很火，我问学生为什么买这个？回答说就因为便宜，免费。这只是第一步，吸引顾客资源的第一步。瑞幸现在还是亏损的，可以预见它未来一定要做这样的事情：围绕顾客资源提供延展性的价值。延展性价值可以是一个，也可以是多个。这就是现在互联网以流量为中心的商业模式。

大家可能会说这个跟价值链有什么关系？很简单。这种商业模式也可称作两段价值链。瑞幸提供便宜的咖啡吸引流量，这本身是一个价值链；将来可能会卖早点、水果等其他东西，又是一个价值链。在这种商业模型下，价值链也是一个基本的分析范畴。

我们再来看看商业模式的第三种形态：**平台型，也叫多边市场型**（见图 4）。也就是平台同时服务很多个顾客群。典型的案例如淘宝，既服务买家，也服务卖家，还要服务物流配送以及金融机构……大家经常去的首都机场也是典型的多边市场平台，既服务航空公司，也服务乘客，还要服务那些在航站楼里面开店的商家……机场是最复杂的物理形态的多边市场之一。服务多边市场的平台与价值链什么关系？很明显，它是多条价值链的总和。针对顾客群 A，有价值链 A，针对顾客群 B，有价值链 B……

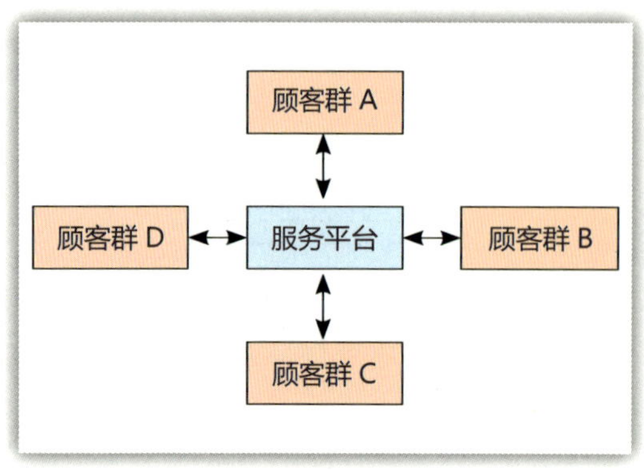

图 4　服务多边市场的平台型商业模式

由此可见，把商业模式概念导入进来之后，并不能否定构建管理体系的思考从价值链开始这么一个逻辑。

（三）战略思想：“赢”的逻辑

什么是战略思想？其核心内容就是企业业务“赢”的逻辑。企业无论做什么事情都需想清楚怎么赢。我简单谈谈华为通信设备怎么赢的。华为国内、国外两个市场，先后两次替代国外的产品。怎么替代？靠性价比替代。依靠成本优势、服务优势，还有不断递进的技术创新优势。性价比的背后是营销技术双驱动以及战略方向聚焦。营销技术双驱动依托于人力资本优先增长以及管理体系构建。市场的打法上是不对称竞争，集中优势兵力，还有就是农村包围城市。华为的战术是很清晰的。

“赢”的逻辑（见图 5）：目标市场、价值定位、研产销价值流，等等。研产销的每一个环节都要找到关键驱动因素，也可以理解为关键行动。它们是多层次的：关键驱动因素下面还有细分的关键驱动因素。把每一个层次的关键因素及行动都想清楚了，战略图景和路径就构建起来了。

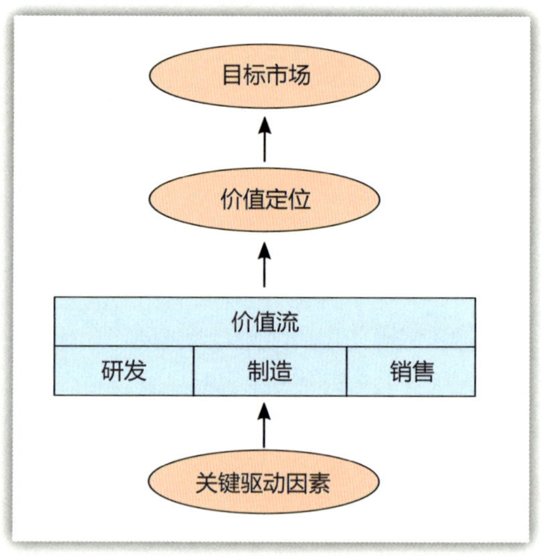

图 5　价值创造的关键驱动因素

把这张图看懂了，也就基本上理解业务战略了。我们举一个服装（休闲服）企业的例子（见图 6）。休闲服的目标市场——城市里面的年轻人。它的价值定位有三个：第一是时尚，要有设计感；

第二是快速变化，一个款式的衣服，在货架上只买5~7天，甚至只卖3天就换了，一年要做好几万个品种；第三是价格要相对便宜，广告词就是好东西不太贵。

在这样的目标市场定位和价值定位前提下，从产品研发到制造、零售，整个价值流要支撑这三个价值主张。产品研发上怎么实现价值主张？首先是模仿性设计，不是完全原创。当然这有侵权的风险。其次是众包，产品设计外部化，否则自己养多少设计师都不够。再次是品类、品种平台化，形成一个基本的标准和结构之后，再进行创新。上面这些就叫作一级驱动因素，不过可能没有列全。没有这些动作和做法，是不能够支撑价值定位的。

我们再往下看，还有下一级的驱动因素。就“模仿”而言，下面的问题是：模仿的途径是什么？知识产权问题怎么办？所以驱动因素，要一级一级地往下细化。这种战略分析和制定方法可以和流程建设结合起来。企业价值流中的研产销活动，很容易理解，实际上就是一级流程。研产销下一层级的活动，就是二级流程、三级流程……因此流程的分解和细化，就是战略思想、举措、路径的细化，就是战略的落地。这样，就把

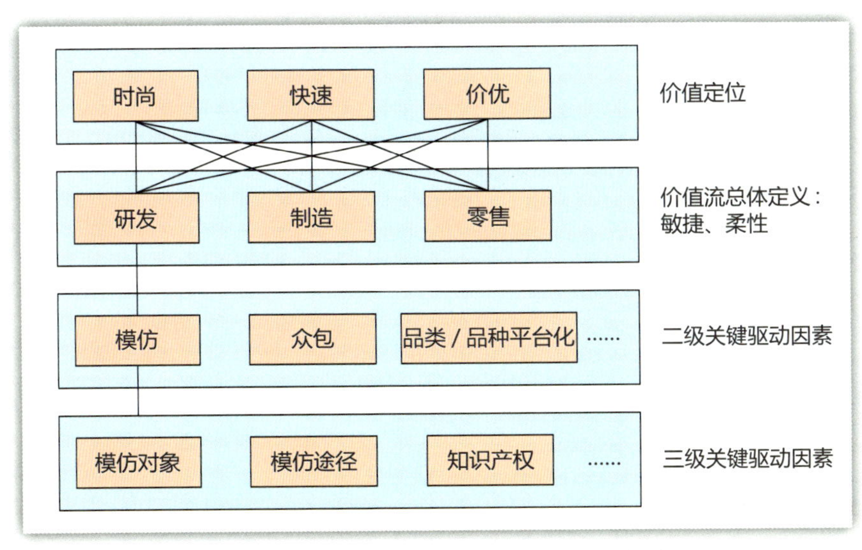

图6 某休闲服装企业产品开发环节关键驱动因素

战略跟流程结合起来了。而流程属于管理体系里面最核心的部分。两者的结合，意味着战略和组织、经营和管理的融会贯通；意味着战略层面的知行合一。

刚才谈了产品开发，下面再简要说说制造（见图7）。要想提升供应链运行速度，则要有自设印染、智能裁剪、分布式加工等驱动因素和举措。而自设印染，还需从面料选择、花色设计、产能布局、环保措施等方面做进一步的细化。

零售也是一样，需考虑顾客体验，同时在零售端收集顾客的信息；还要处理库存——可以区域调剂，可以总部回收，也可以店内促销等（见图8）。

上面讲的是直接创造价值的活动"价值流"。其实企业价值创造不仅仅是价值流和研产销，还有人力资本增值、资金筹措使用、技术开发等保障性、使能性活动。还有支持性的活动，如信息管理、行政后勤管理等。图9可以帮助我们从整体上理解企业所有的价值创造活动，不管是直接的还是间接的、是核心的还是辅助的。

（四）四类价值创造活动

依据图9，我在设计整个流程体系的时候，把企业所有的价值创造活动分

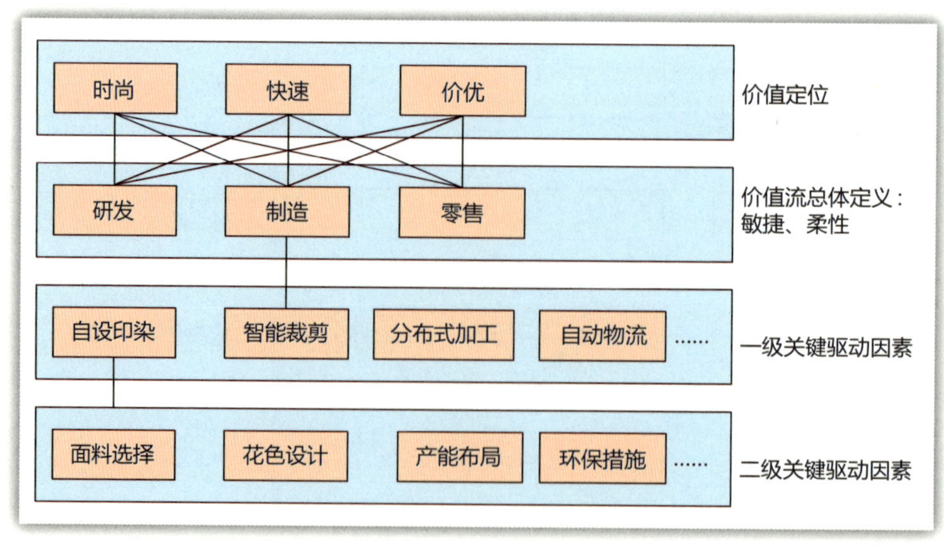

图7 某休闲服装企业制造环节关键驱动因素

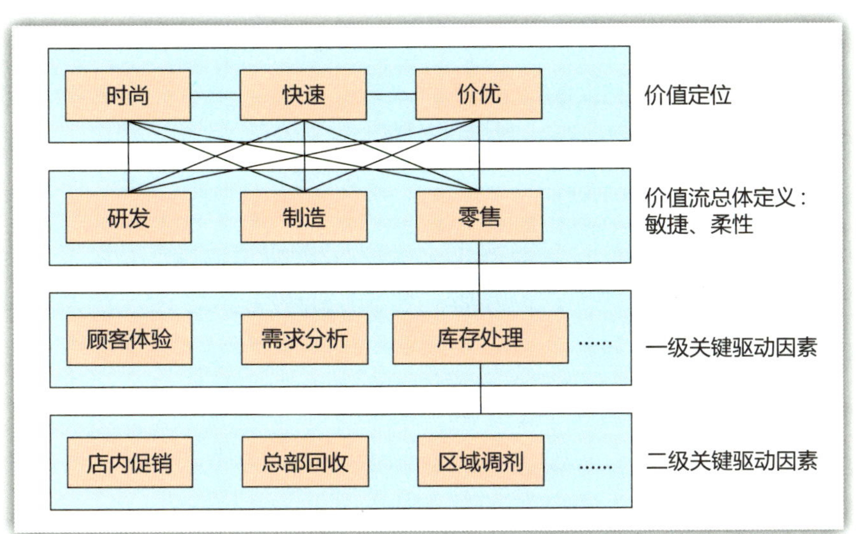

图 8　某休闲服装企业零售环节关键驱动因素

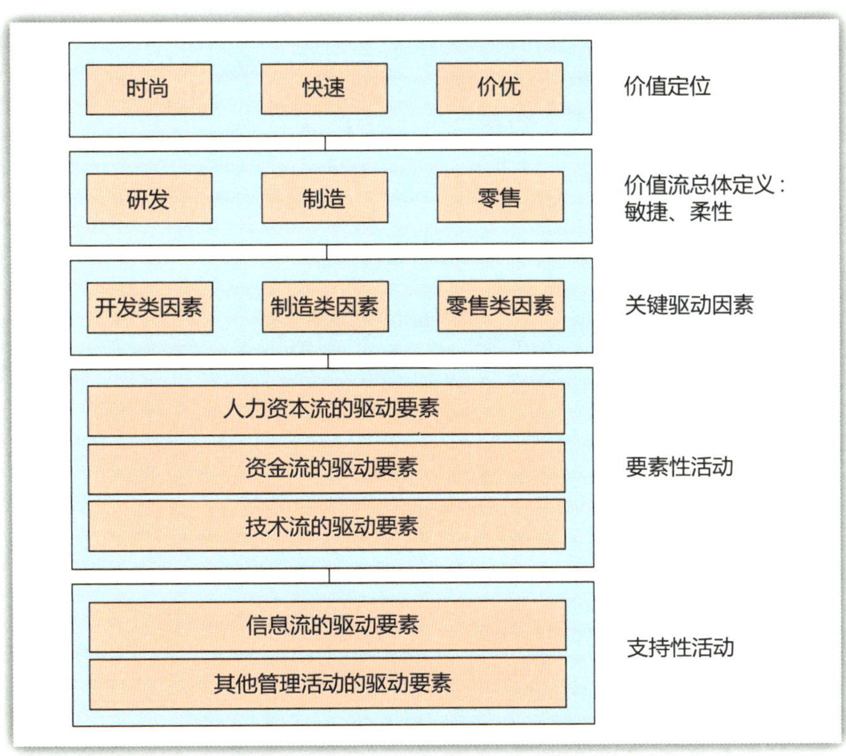

图 9　某休闲服装企业价值创造活动体系

成了 4 类（见图 10）。这是一个创新的结构。第一类活动是牵引性活动，我把战略管理（包括战略分解以及年度计划与预算管理等），作为了牵引性活动——牵引其他活动的活动。有的企业是把战略活动作为支撑活动，我认为太贬低战略活动了，不能体现战略导向。我记不清哪一次看到华为的文件里面，把战略流程放在最上面，但最近华为公布的 17 项一级流程，并没有这么安排。第二类活动是增值性活动，也就是最重要的直接创造价值的活动。第三类活动是要素性活动，包括人力资本、资金、技术三项要素的动员、开发、使用等。这也是一个创新，把要素性活动从支持性活动中分离出来，并进行了提升。要素性活动是企业能力性活动，在未来的竞争中，其战略意义会更加重要。人力资源部门的人要充满自信地说，没有比人力资源更重要的经营部门了。第四类是支持性活动，比较容易理解。其中，信息流比较特殊，既属于支持性活动，也可以属于要素性活动。

如果细看可以发现：**我们有些活动叫“流”，有些活动叫“管理”。凡是带“流”的属于经营，凡是带“管理”的自然属于管理**。这是对经营和管理概念的一个区分。

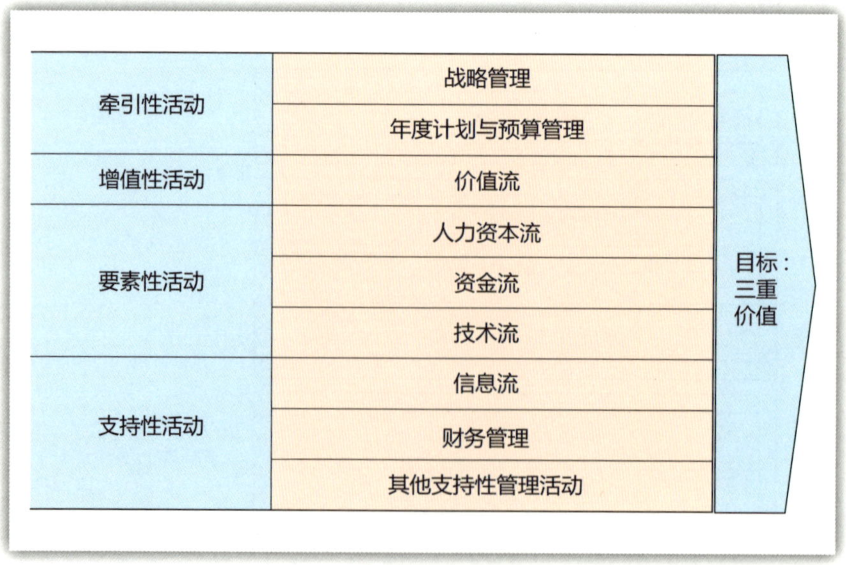

类别	活动	
牵引性活动	战略管理	目标：三重价值
	年度计划与预算管理	
增值性活动	价值流	
要素性活动	人力资本流	
	资金流	
	技术流	
支持性活动	信息流	
	财务管理	
	其他支持性管理活动	

图 10 四类价值创造活动

二、活动流程化

（一）企业一级流程框架

根据前面的 4 种分类，我设计了一个中国企业一级流程的框架，26 个流程（26 个流程是全书的主要内容，无法在此用一张图表展示，请读者参见《管理架构师》一书。——编者注）。华为一级流程 17 个，美国生产力质量中心的一级流程大概不到 20 个，不同的版本不完全一样。我们归纳为 26 个后我的一个学生认为切割得太细了，不利于体现端对端的思想。这也有一定道理。我们为什么要归纳多一些？这里边有问题导向和考虑到中国国情的因素。以战略管理为例，我们设计了 5 个一级流程。其中“理念架构管理”，全世界其他地方可能都没有，就是提炼核心价值观，撰写和推广企业文化大纲，这是中国国情的产物。再例如，很多企业搞不清楚实体绩效管理和人事绩效管理的关系。我每次去讲课，这个要讲半天。所以我们把实体绩效管理专门拎出来，作为一级流程。这是问题导向的。

第 6~9 个一级流程是价值流，不能变。和寻常的研产销结构相比，把需求分析独立出来了，集成供应链不变。而传统的营销及销售流程、客户关系管理流程，不能完全囊括互联网时代企业和顾客之间的交互关系，因此专门设计了内容复杂的一级流程：顾客连接。

在要素性流程中，人力资源弄得比较细致，比如说国外企业的流程里面可能不会有干部管理流程，我们基于中国国情，专门编写了干部管理流程。再例如考虑到现在很多民营企业杠杆率过高，专门加了债务危机管理流程。这些是根据现实情况加进去的，企业在使用过程中，可以删减。与技术相关的要素性流程设计时，我们安排了技术吸纳、技术研究以及知识产权管理三个一级流程。有的朋友可能会问：技术吸纳、技术研究和产品开发是什么样的关系？现在一般把企业的开发分两个层级，产品开发以及与产品相关的应用技术的开发，放在产品开发里面，真正的技术研究作为一个单独的流程。

支持性的一级流程中，涉及信息系统、数据资产管理、会计核算、战略性财务管理等，以及社会责任、审计、法务管理等。支持性的管理活动并没有全部列为一级流程，而是突出了其中的重点。

（二）好大一棵树：流程的细分

有了一级流程的框架性目录之后，就要对流程进行分解，从一级流程出发，分为二级、三级、四级流程体系。为什么取了个名字叫“好大一棵树”？把图11逆时针旋转90度，就是一棵树的一半。一级流程就是主干。这里我们要说明两点：第一，企业并不是所有的活动都是流程活动。**企业里面的大部分活动是有时间顺序和空间逻辑的流程活动，但是也有一些活动是非流程活动**。不确定的活动就是非流程的。我举个例子，一个小伙子谈恋爱，约一个姑娘见面，事先做了准备，兜里面插了两枝玫瑰花。结果跟那个姑娘一见面，女孩说了一句话：我最讨厌别人给我送玫瑰花了。这个时候，事先设立的流程不起作用了，不能把玫瑰花拿出来了。企业里面类似的非流程的活动有客户沟通、创意讨论等。非流程的活动主要通过小组讨论等机制来解决问题。

流程分解到什么程度？是不是分

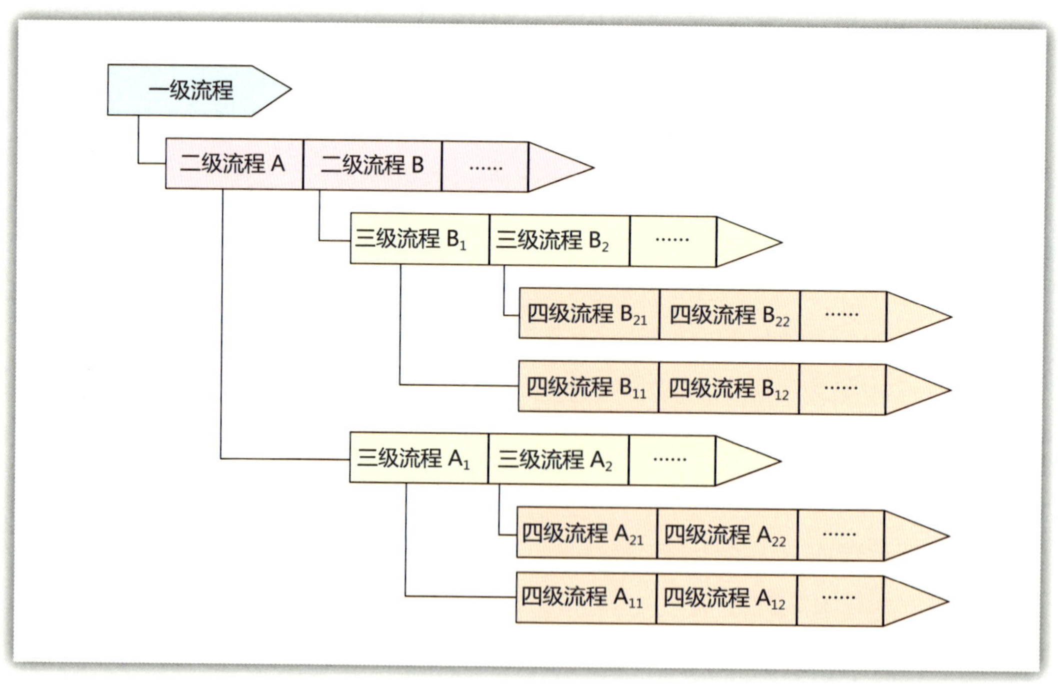

图11 多层级流程分解

解得越细越好？也不是。有两个相关标准可以作为参考。第一，流程的内部或活动环节模块（流程图中的某一个小方块），不需要再分解，员工已经会做了。比如家里有一个姑娘十六七岁了，都上中学了，肯定会刷牙了，就不需要贴一张纸，说刷牙得分五个步骤。最细化的流程下面，直接对接作业指导书。第二，有一些工作虽然要分好几个环节，但是当某一个职位，或者某一种角色，从工作量和质的角度能够独立完成一个任务的时候，这个任务的内部实现步骤就不需要再细分了。比如做西红柿炒鸡蛋，需要先洗西红柿、切西红柿，最后再炒西红柿。不用别人配合，一个人就能全做完，这样也不用进行流程分解了。

三、流程组织化

（一）基于流程的组织分工

流程组织化，意味着把流程和组织结合起来了。所有的组织设计都是基于流程的设计，这是组织设计的一个重要原则。

26 个一级流程由谁来做？这就是一级部门的划分和设立问题。基本方法是流程和组织（机构）相对应（见图 12）。当然这个对应和部门划分是有弹性的。例如说企业文化管理，理念架构设计这项流程，显然应对应于企业文化部门。国企有党办，管理企业文化没问题。小的民企可以把企业文化管理职能放在人力资源部，也可以放在总裁办。由此可见，我们在具体设计部门的时候，要根据企业的实际情况，把这些流程活动全部囊括。

（二）组织分工：粗与细

组织设计的时候，还有两个重要变量要考虑。第一个变量是组织的宽度，即分工的粗和细。我举个例子，价值流的一级流程包括需求分析、产品开发、集成供应链、顾客连接（见图 13）。可以根据这四大模块形成 4 个部门：需求分析部、产品开发部、集成供应链部、市场部。但是需求分析部也可含到市场部里面去，这样就少了一个部门。不同的流程层级，都有与之对应的组织分工程度的问题。

分工的粗和细，决定管理的扁平程度。影响组织宽度的变量很多。例如人很厉害，一个人可以多能，就可以少分几个部门。如果想培养管理人才和专业

流程	组织（机构）
01. 战略制定和执行、02. 投资管理	战略部门
03. 理念架构管理	企业文化部门
04. 年度计划和全面预算	财务、运营部门
05. 实体绩效管理	财务、运营部门
06. 需求分析	市场部门
07. 产品开发	研发部门
08. 集成供应链	采购、生产部门
09. 顾客连接	市场部门
10. 人力资源配置、11. 人力资源激励、12. 人力资源开发、13. 干部管理	人力资源管理部门
14. 资金筹措、15. 资金使用、16. 债务危机管理	财务部门
17. 技术吸纳、18. 技术研究	研发部门
19. 知识产权管理	研发、法务部门
20. 信息系统建设与维护、21. 数据流管理	信息系统管理部门
22. 会计核算与决策支持、23. 战略性财务管理	财务部门
24. 社会责任管理	企业文化部门
25. 法务管理	法务管理部门
26. 审计管理	审计管理部门

图 12　流程和组织（机构）的对应

人才，部门可以分得细一些。这还涉及领导人的习惯。有的领导人喜欢管理幅度宽一些，有些则不然。

（三）组织层级：组织单元的个数

除了组织宽度外，另外一个变量就是层级。宽度越宽，层级越少。组织的架构类似于一个俄罗斯套娃，里面套

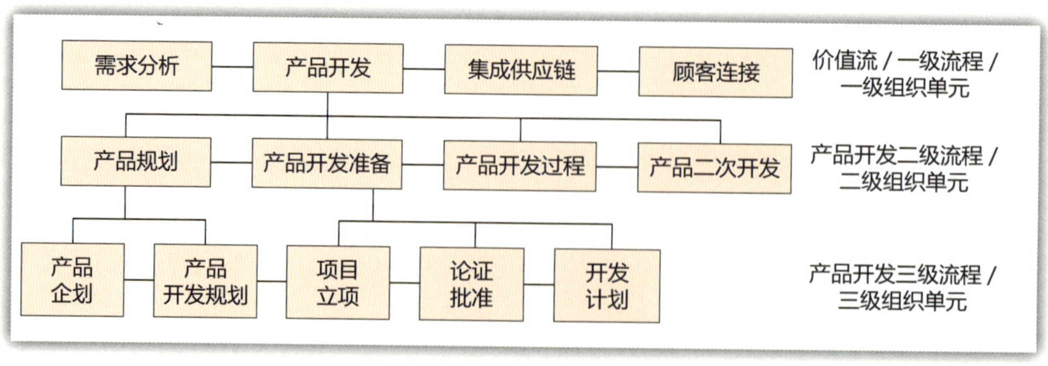

图 13　产品开发系统的组织分工

几个娃？也就是从决策层开始，一级、二级、三级……组织单元的个数（见图14）。最小的组织单元是职位，例如结构工程师，若干工程师合起来构成结构开发组，再往上是产品开发部、研发中心。可见组织单元有大有小，它是职位的集合。

这里我顺便说一下，**很多企业为什么效率低、签字环节多？原因之一是把组织的层级和职位层级混同**。组织层级可能只有4个，但是职位可能有10个。假如说研发中心，可能有总经理、副总经理，还有总监、副总监等。有关事项签字决策的时候，并不需要每一个职位都签字。每个组织层级只需一个人作为代表签字即可。不过，有些事项需某一组织层级决策群体集体决策或民主决策。

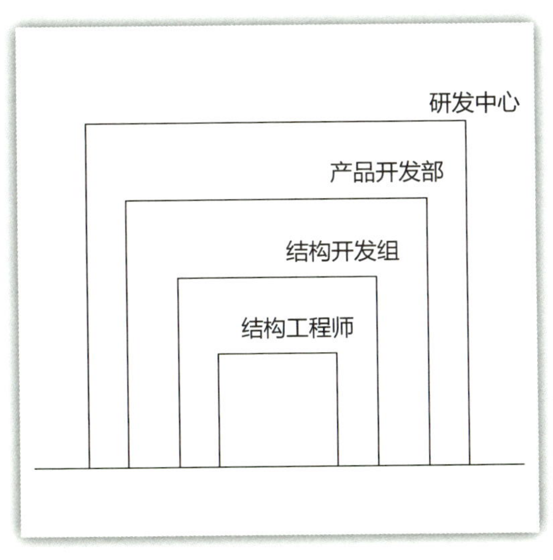

图14　俄罗斯套娃：多层级组织单元

组织设计的行为路线，可以从组织大的结构开始，再考虑集成式的组织单元，再到职位，这是自上而下的路径。也可以反过来，从职位开始，把职位合起来，变成组织单元；再把较小的业务单元合拢成较大的组织单元……这是自下而上的路径。需要说明的是，我们这儿所讲的组织设计，是基于单一业务的。如果是多业务，则需考虑与之对应的复杂组织形态，如事业部制、矩阵制以及分布式等。

四、组织协同化

活动流程化、流程组织化之后，组织要动起来，要配合协同起来。驱动组织协同运行的有三种机制，也就是三种责任、权力配置类型，下面分别说明。

（一）权力机制

权力机制是依靠上级指挥来使组织运行的责权结构。责任在指挥者那里，权力也在那里。只要权力机制存在，科层制是不可缺少的（见图15）。

除纵向、垂直的权力机制外，还有圆形的权力机制（也称“同心圆制”），一个领导对所有的部门（见图 16）。此外，还有网络式权力结构，团队成员之间可以彼此联系，但是有一个起协调作用的中心（见图 17）。这是弱权力连接，而科层制和同心圆制是比较强的权力连接。

（二）流程机制

流程连接，就是回归事情本身，按照事情的逻辑和进程，哪个环节该谁做就谁做，不考虑等级。到了数据化的时代，组织最好是在数据的驱动下来运行

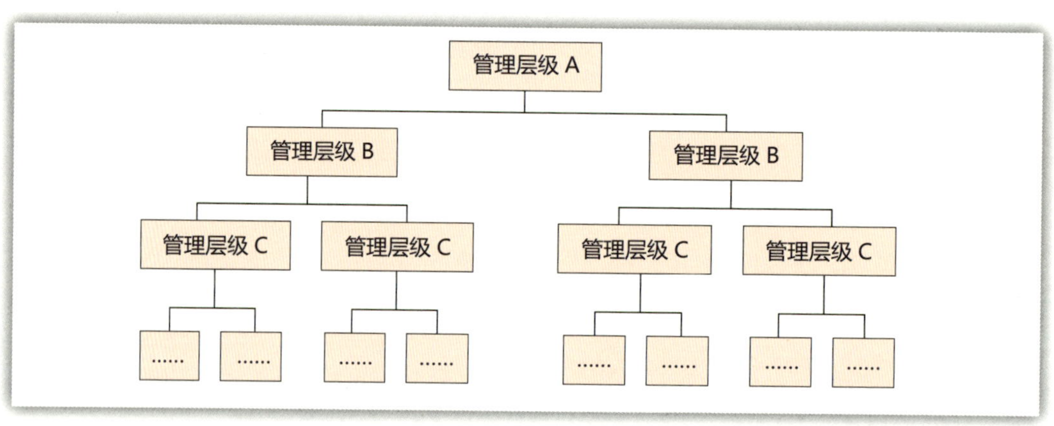

图 15　金字塔形状的科层制组织

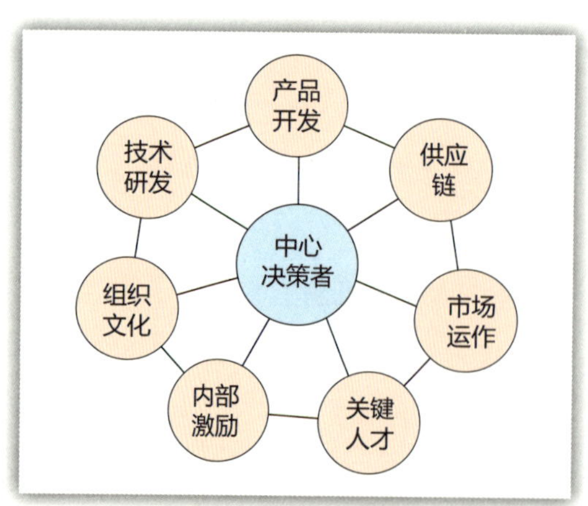

图 16　圆形的权力连接

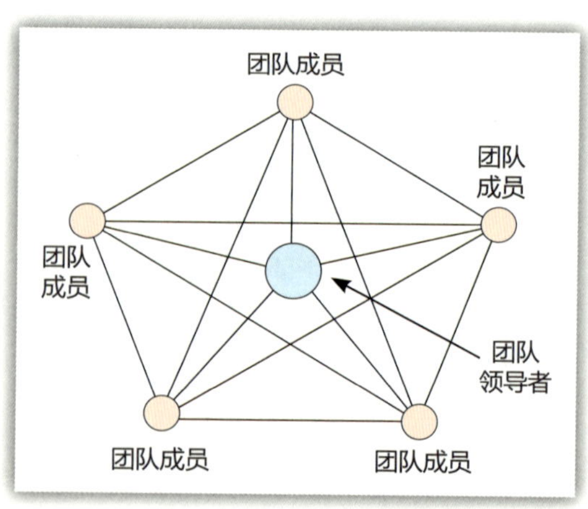

图 17　网络状的权力连接

（见图 18）。山东有一个酷特服装，特别强调它的车间里面没有车间主任，没有班组长，为什么能做到？就是因为流水线每一个工序上都有很清晰的自动指令，每个岗位的工人今天做什么，有什么要求，清清楚楚，当然不需要领导来安排工作。

有很多企业为什么流程漫长？一个重要的原因是同一个部门内部要走流程且对外开放。同一个部门内部可以按流程运行，但是你不能让外部的人去到部门里面走流程。比如我是一个分厂厂长，要招工程师，需要人力资源审核，不能让我去找人力资源的这个主管、那个科长签字。现在特别强调模块的集成、责任主体的合拢（见图 19）。一个批准、审核需求产生了，输入进一个责任机构，不管内部如何运作，只要看结果就行了。所以，**我倡议，不管是多大的企业，95% 的事项决策环节应实现“事不过三”，不超过三个人签字，含发起环节。如果超过三个环节，就是浪费。**

（三）交易机制

在信息不对称的情况下，为了简化管理、激发组织或团队活动，可以引入交易机制，即企业内部通过组织单元之间的交易来实现运作协同。这是把企业外部市场机制引入了组织内部。这种机制适用于车队、食堂等服务机构，也适用于研产销等主体部门。它们彼此进行利益交换，下面有企业的各种平台支持。交易机制同样有不同的强度（见图 20），对应的组织形态有独立核算的事

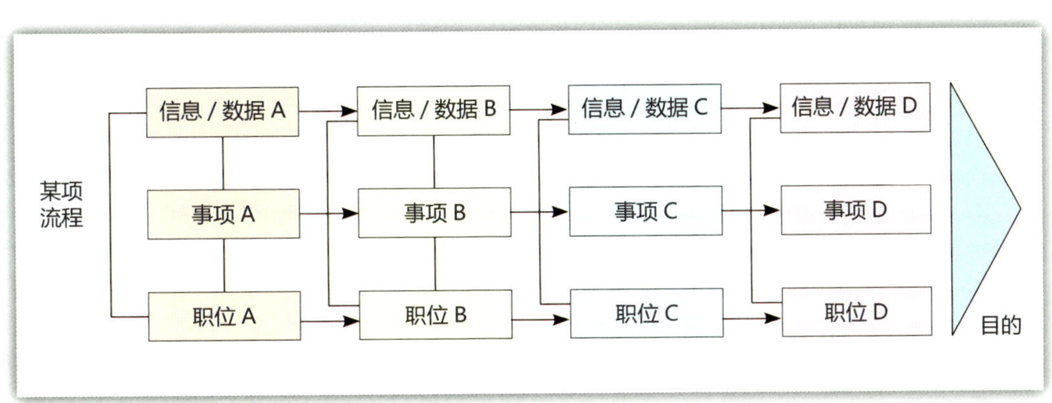

图 18　信息 / 数据驱动的流程

业部、分支公司，有虚拟的或具有法律地位的经营实体，还有一些参与分享的专业性经营机构。采购、研发、销售等环节，都可以导入不同程度的市场机制。

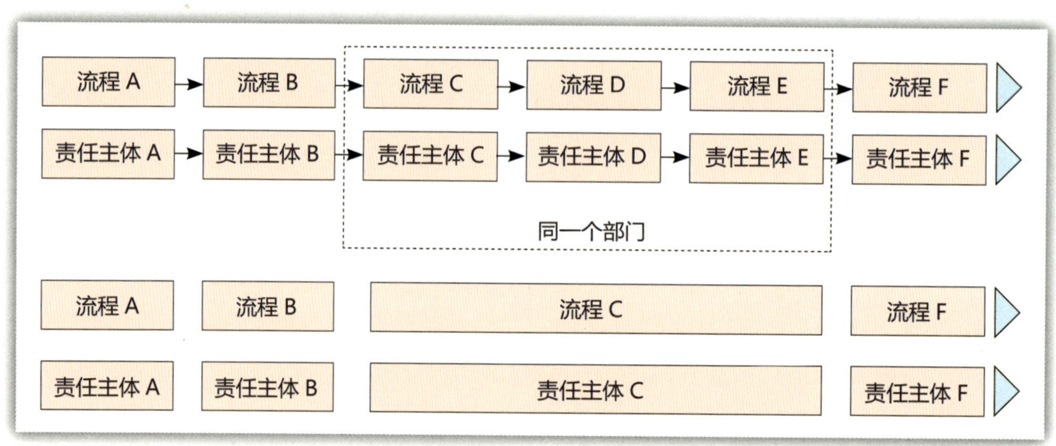

图 19　责任主体合拢和流程简化

图 20　不同形态的交易连接

企业内部有任务型的团队，就像一个球队，内部有多种连接机制。有权力机制，也有彼此的默契和信任，这其实是文化机制和流程机制。另外，企业中有一些自组织，依靠彼此共同认可的规则来协同。比如一群鸟，在没有领导的情形下能够飞到千里之外，关键有两个所有鸟儿共同遵守的规则：第一，前面的鸟不能挡住后面鸟的视线；第二，两只鸟翅膀触碰的时候，要迅速拉开，不要有冲突。这是数以万年、千万年甚至更长时间，鸟儿在进化中沉淀下来的种群生存基因。如果移植到人身上，可以理解为是一种文化传统。

注：本文为施炜在中国人力资源开发研究会主办的“2019 年（第七届）人本中国论坛”上的讲话。

华为首任主管人力资源副总裁讲述：

华为人力资源管理二三事

张建国

上海人瑞集团创始人、CEO
华为首任主管人力资源副总裁
曾任中华英才网总裁

《经营者思维
——赢在战略人力资源管理》

出版社：中国人民大学出版社
出版时间：2019.07

我 1990 年加入华为，在华为的工号是“025 号”（见图 1），2000 年时是以华为首任主管人力资源副总裁的身份离开华为的。我去华为时，华为只有二十多人，到我离开时，华为已经有 2 万多人了。我亲身经历、参与了华为的大发展时期，作为《华为基本法》课题组的执行负责人，参与了《华为基本法》从起草到正式成稿的整个过程，见证了华为文化建设和人力资源管理体系化建设从顶层设计到落地的全过程。当然，我既是华为文化和人力资源管理的建设者、参与者，也是受益者，这段经历给我留下了深刻的烙印。

我结合对中国人力资源管理的一些

图 1 保存至今的华为工卡

思考，大致回顾一下我在华为的经历以及记忆比较深刻的几件事。

一、爱讲故事的任老板

我们那一代人是在计划经济时代成长起来的，很多人毕业分配到哪里就一生都在那里工作，这就是所谓的“铁饭碗”。改革开放以后，人们遇到了改变的机会。为什么很多人去深圳呢？因为吃饭不需要粮票，而且不需要户口及档案。只要去了有工作、有钱就可以吃饭，所以深圳成了一片热土，我只身去往深圳。

1990 年 4 月，我从深圳火车站坐了 3 小时的车到华为面试，当时华为是在深圳的南油 A 区 16 栋 8 楼办公，是一栋住宅楼，办公面积一共 50 多平方米。那时候都是任正非亲自面试，但那天他没在，我就在那里等着。4 月的深圳很热，他回来以后说：“你等一会儿我冲个凉。”冲完凉后出来，然后就给我面试。我曾是大学老师，本科学习自动化专业，研究生学习的是通讯，曾获有奖项，那时候研究生比较少。任老板看完我的材料说：“不错，你上班吧！”

当时我没有奢望有多么好的待遇，想着到华为有饭吃就行了。第二天我就上班了，住在工厂里面。前面是厂房，后面就是宿舍——一个大通间里划了十几个“小格子”，里面放一张床和一张桌子，没有窗户。

其实，任正非在那个时候就种下了华为的基因。当时华为条件艰苦，大家吃喝在一起。当时华为的厂房是这样的：一进门有一个小食堂，中间是工作区，里面是库房及宿舍。厂房里没空调，员工干活儿时都光着膀子。因为深圳天气热，每天下班后，第一件事就是去冲凉，然后再去吃晚饭。经常大家吃完晚饭后，任总穿着短袖短裤也踱过来，大家自然地就搬把小凳子围坐在一块儿，听他讲故事。他是军人出身，喜欢讲战争故事，上甘岭战役是怎么胜利的啊，朝鲜战争是怎么打的，等等。他讲得很激情投入，我们听得也是热血沸腾的，听完之后，感觉一天劳动的疲乏被赶走了。

任正非特别善于激发、鼓励员工，经常给员工讲一些励志故事，比如讲他崇拜的人是谁、对他个人成长影响最大的人是谁……记得他当时说他最崇拜两个人：一位是能忍受“胯下之辱”的韩信，一个人必须忍受巨大的挫折与委屈，才有可能成功；另外一位是京剧《沙家浜》里面开茶馆的阿庆嫂，因为她的客户意识最好，“摆开八仙桌，招待十六方”，给客户服务的最好。他通过这些故事来启发我们提高服务意识。

二、“英雄儿女上前线”

后来，华为号召“英雄儿女上前线”，去开拓市场，我就要求去做销售，只身前往福建做华为驻福建办事处主任。说是福建办事处，其实就是住在村里面。办事人员一年不能回家，只有陪非常重要的客人的时候才能回总部。公司给办事人员发了一张银行卡，每个月我们到银行里去提钱，用于销售费用和生活费用。

那时候华为的产品还进不了城市。由于竞争对手都是大公司，如西门子、北方电讯、摩托罗拉、阿尔卡特，华为只能到农村去，采取“农村包围城市”的策略，做县级市场。我在福建时到各个县里去跑市场，经常左手拿着装有备板和衣服的包，右手拿着幻灯机。那时候还没有投影仪、电脑，我拿着幻灯机、卡片、公司介绍、设备介绍，把客人请到宾馆，用幻灯机一张一张给客户放公司和产品的介绍。

每次出门跑市场都要用上半个月的时间，一个人再回到住的地方，最大的感受就是孤独。怎么办？我拿起电话给其他办事处的人打电话，打半个小时以后心里面就平静了。每当公司有领导过来拜访客户，我最高兴的事情是跑到他入住的宾馆里去说说话、洗个澡。很早的时候任正非就给我们讲理想，他说终有一天我们的收入会超过香港人。那时

图 2 1993 年，张建国（左一）陪同任正非考察日本松下公司

候我们的待遇一个月是 300 元，香港人一个月收入人均约 1 万港元，我们就想怎么可能超过呢！后来真超过了。任老板说：“你们以后一定会很有钱，就发愁怎么在阳台上晒钱了。”

1993 年华为推出了员工期权计划，期权就像眼前的苹果，这个苹果越来越大，但是老吃不着，刚想吃一口的时候，苹果就往前移了一下，但是苹果越来越大了。公司每年给员工分红，本来员工可以直接把钱拿走，但是新配的期权还得拿钱买，而员工也愿意买，因为分红高。所以当时华为干得越好的人，越没钱。当时期权分配其实也没有很规范的体系，但大家就相信：只要齐心协力一起拼命干，拼命努力，总会有未来。

随着越来越多的员工拥有期权，任正非个人的股份就不断地被稀释。刚开始股份都是任正非的，经过不断地稀释以后，到 2019 年任正非占公司的股份只有 1.14%。任正非有一个理念，他的比例越来越小，但大家的饼越来越大。

任正非敢于分钱，华为很早就在运

作内部期权，这是一般人做不到的。

三、“知本论”不是虚的

《华为基本法》里面有知本论，知本论不是虚的，而是真实的。每年大批的毕业生来到华为时，只有几箱书和衣服，一年以后，华为就把他们的知识变成了资本，配给他们期权。这就是知本论。华为就是运用知本论不断地吸收优秀人才。

一个企业人才机制、激励机制究竟有多重要，可以从 20 世纪 90 年代涌现的中国通讯行业四大巨头（“巨、大、中、华”）的发展演变中去体会。“巨”是巨龙通信，当时是以学校为背景的研究机构。它第一个开发了大容量局用程控交换机，但是由于没有企业化的运作机制，所以它第一个倒下了。“大”是大唐电信，它是国有企业，缺乏良好的市场竞争机制，相比较而言，它的发展很缓慢。“中”是中兴通讯，它采用市场化的运作机制，在上市后，配给高管期权，但没有配给员工期权，使企业缺乏前赴后继的全员创业精神，也使公司的核心竞争力不断退化。现在就业绩上而言，它已远远落后于华为。

从某种程度上来说，华为走到今天，与它很早就建立了科学的激励机制及人力资源管理体系是密不可分的。

当时任正非在内部经常讲“循环理论”。他说，“华为能发展，首先是这个行业给了我们机会，我们抓住这个机会以后，又引进了很多人才，我们把这些人才用好，把他们激励起来以后，又获得了产品的开发能力，生产出产品，最后获得更大的机会，是这么一个循环的过程。”

任正非经常自己说，“我既不懂技术，也没有客户关系”，但是他在企业经营与用人方面非常有远见。当年他带领着一批一无所有的人，艰苦奋斗，以客户为中心，把企业做起来了。

华为的“以客户为中心”这一点做得非常好，知道客户的需求是什么。我印象中有个小故事，早期的时候，有一个客户到深圳考察，任正非亲自下厨做菜招待。其实旁边就有大排档，费用也不高，但是老板亲自下厨做饭招待的感觉是不一样的，这就是注重客户的感受、给客户好的体验。再如，早期条件艰苦，华为只有一辆车，如果任正非要出去，同时来了一个客户，那毫无疑问，司机就知道这车一定是要去接客户的。这些

> 事业要轰轰烈烈前进，跟不上队伍的人就将被淘汰，这似乎很残酷，但又是必需的。

可能都是细节，但也是华为企业文化的具体体现。

四、市场部集体大辞职

在华为有一个里程碑式历史事件，那就是 1996 年 1 月市场部的集体辞职。

这个事件的发生背景是：当时华为已经发展到一定的规模，而且产品也从原来的小程控交换器发展到几千门的大型局用交换机。这个时候，销售就不能光是维护与客户的关系，而是要给客户提供很多解决方案、技术方面的支撑和服务，从而需要大量的产品方案人员、技术人员，跟销售人员一起组成销售服务团队。这是市场倒逼企业提升服务能力和技术水平，对企业长远发展来说是好事。

但是，很多办事处主任从意识到能力，已经不能适应新的销售要求了。习惯了单打独斗的他们，也很难通过组建团队，进行市场策划、设计服务方案去开拓新的大客户、提升服务水平。于是，很多办事处主任成为了企业事业发展的瓶颈。新人进不去，“老人”出不来，怎么办？

中国人讲面子、讲关系、讲情感，“干部能上能下”事实上对很多企业来说是一件非常艰难的事情。事业要轰轰烈烈前进，跟不上队伍的人就将被淘汰，这似乎很残酷，但又是必需的。

这时候，任老板非凡的组织能力和领导能力就体现出来了。1996 年 1 月，任正非要求市场部所有的办事处主任给公司提交两个报告：一个是辞职报告，表明如果我的能力不能适应公司的发展需要了，我愿意把这个位置让出来，让更加优秀的人继续往前冲、继续前进。另一个报告是表明，如果公司继续让我担任这个职务的话，我要怎么样改进，以继续把这个事情做好。当时举行了市场部的集体辞职活动，主管市场部的副总裁也递交了辞职申请书。集体辞职活动举行以后，大概有 1/3 的办事处主任被撤换了，由有专业能力的人接任。

对于当时辞职的办事处主任来说，他们在一线也非常敬业，非常投入，对市场是有感情的，让他们下来，其实大家心里都很痛苦、很难接受。但是华为必须提倡这种文化，即干部要能上能下，为了公司的发展，让更加优秀的人往前冲。

很多公司都会经历这么一个阶段，就是企业初创的时候，更多的是靠情感凝聚，靠个人能力突破。但是发展到了一定程度的时候，需要依靠团队能力，依靠制度力量，依靠新的知识能力，所以管理者需要新陈代谢。能不能适当地调换创业元老，让更加职业化，或能力更符合新的发展阶段要求的人担任管理者，关系着企业能否跨越成长之坎，进入到新的、更高的发展阶段。

当时华为市场部集体辞职的行动，开创了“干部能上也能下”的先河，为华为建设系统化、规范化的管理制度开了一个好头，对于华为后续的发展起到了非常重要的作用。

领导力精髓：分享与激发

■ 作者丨熊向清　中国人保财险培训中心总经理

领导力实质上是影响力，通过什么影响？一定是通过激发影响，那么通过什么去激发呢？**从人性的角度，只能通过利他，也就是通过分享，产生激发。**

领导力的逻辑是通过价值分享，带去体验与回馈，构建理解与信任，实现合作与协同，达成承诺与投入，做到互利与共赢，从而达到一种和谐与共生的状态。在这种状态下形成了分享互动与承诺投入、价值实现与生命意义的良性循环。

所以，分享是领导力的精髓所在，是领导力的核心要义。

什么是分享？对“分享”最简单的定义就是与他人共同享用，其根本是对利益关系的处理所采取的态度和行为，说到底就是如何处理公与私，舍与得，利己与利他之间的关系。分享包含“回馈”的意思，与回馈形成一种良性的双向互动，也包含“分担”的意思，好的东西要分享，不好的东西要分担，要一起扛。

在中国，我们常讲“百善孝为先”，“孝”就是对父母的分享与回馈。《诗经》中说：“投我以木瓜，报之以琼琚。”可见，分享是人类最宝贵，也是最重要的精神品质。

一、什么是分享：解读分享的几个角度

（一）人性的角度

从根本上说，人人都有“逐利性”，每个人的行为归根结底都是为了追逐自己的利益，财聚人散、财散人聚，人与人之间走到一起最基本的是为了利益。正如司马迁在《史记》中所说：“天下熙熙，皆为利来；天下攘攘，皆为利往。”没有利益，人们走不到一起，即便走到一起，没有共同利益，最终也还是会分开。

如果人们不去相互分享利益，而是将资源过度独占，或者将资源不合理地分配，其实就等于是侵害、减少其他人的利益，由此就会带来很多冲突和矛盾，也就会与信任、合作失之交臂。资本主义为何一度发展极为迅猛？就是因为资本主义与生俱来的逐利性使其将利润分享到生产中，源源不断地创造出新的利润。

人们都倾向于交往能给自己带来利益的人，谁越能带来自己所诉求的利益，就会越倾向于跟谁交往。

（二）社会学的角度

社会学有一个交换理论，讲的是人与人之间的关系，本质上就是利益的交换关系。具备最大吸引力的人，往往是那些能给你提供更多报酬的人。人与人之间交往根本上就是交换的过程，为了得到报酬，就必须要付出报酬。这个报酬包含内在报酬和外在报酬，外在报酬是物质的，内在报酬是精神的，而且我们总是尽量使我们的交往行为最大化地带来利益。人们都倾向于交往能给自己带来利益的人，谁越能带来自己所诉求的利益，就会越倾向于跟谁交往。

正如社会学家霍曼斯在社会交换理论中这样说道：“任何人际关系，其本质都是交换关系，只有这种人与人之间的精神和物质的交换过程达到互惠平衡时，人际关系才能和谐，而且只有在互惠平衡的条件下，人际关系才能维系。”这就是为什么中国人非常重视“礼尚往来”这一好的传统礼仪。尽管礼尚往来不等于即时交易，但受礼的一方一般会心存感恩，准备着未来的回报和回馈。所以说，想要得到什么利益和资源，就必须先去分享和交换对方需要的利益和资源，这就是从社会交换角度的一种阐述。

（三）文化与宗教的角度

中国儒家文化的核心精神是“仁义礼智信”，首当其冲的便是“仁”，按照儒家经典，“仁者爱人”的“仁”指的就是两个字：“忠”和“恕”。其中，“忠”指的是“己欲利而立人，己欲达而达人”。换句话讲，就是“己所欲，先施与人”。“恕”，指的就是“己所不欲，勿施于人”。

基督教文化中基督作为神的独子、神的化身来到人间，最大的使命就是牺牲自己，心甘情愿被钉在十字架上。基督教的教义可归纳为“博爱”，宣扬“爱上帝”和“爱人如己”。《马太福音》里说：“无论何事，你愿意人家怎样待你，你也要怎样待人。”就是说，美好的东西先要和大家分享，同时，不好的东西不要轻易给别人。这也是分享精神的一种高级阐述。

道家思想体系中，道，是信仰的核心；德，是修道的根本，两者互为体用。天人合一是修道者的基本境界，追求人与宇宙，人与自然，人与社会的完美和谐。纵观以“黄老”治世闻名的汉唐两代，如文景之治、昭宣中兴、明章之治、贞观之治等，薄赋敛，省刑法，偃武修文，不尚边功，与民休息，其实质就是“分天下”的精神。

佛教的分享集中体现为“慈悲”之心（普度众生），所谓“慈”，就是给众生带去快乐，给众生谋福祉；所谓“悲”就是“发人于难”，化解众生的苦难和困境。所以“慈”就是“分享”，“悲”就是“分担”。只有实实在在做出来，才能叫作是“大慈悲”。

由此，“分享”是古往今来各种理论学派所一致倡导的一种美德，也是人生所追求的一种大智慧。

二、分享的意义

笔者认为，分享对个人、组织和社会有如下的意义。

（一）个体的生存依赖于分享

在《大连接：社会网络是如何形成的以及对人类现实行为的影响》这本著作中，提出了“网络人”的假设，即我们是“镶嵌在社会网络上的，我们的愿望中包含着我们周围那些人的愿望。”

从人类早期的进化历程来看，只有擅长合作与分享的个体才能生存下来，在地球上延续自己的基因。每个个体都“镶嵌在社会网络上”，必须与他人合作，在这种合作中，自利并不总是有利可图的，与那些只关心自己的人相比，那些乐意帮助别人的个体，生存下来的可能性更大。因此，利他与合作是“网络人”的天性，利他即是利己，换句话说，人是社会关系的总和，而社会关系的维系则有赖于利他与合作，有赖于分享，没有分享社会关系将随之解体，最终对个体以及整个社会造成巨大的负面影响。

分享不只是利于相互之间的合作，更是个体的一种内在生理需求。琳内·麦克塔格特在《念力的秘密Ⅱ》里列举了许多例子表明：在分享过程中，人体会产生相应的化学物质，这会让我们感觉良好，同时会有助于延年益寿。普林斯顿大学的心理学家乔舒亚·格林和乔纳森·科恩认为：当我们遭遇或者想象有人受害时，大脑中与关爱有关的神经元网络会发亮，而在母亲注视自己孩子的时候，这一部位也会发亮。加州大学伯利克分校心理学家教授达谢·凯尔特纳的研究表明：在个体行善时，心跳速度会降低，精神会放松，还会分泌更多的催产素，这有利于人体的健康，而对于婴儿而言，催产素是增强母子情感的重要激素。

总之，分享不光对个体健康有益，还在利他的同时给自己带来利益。

（二）分享为组织和企业带来回报

个体和组织，根本上是一种共生关系，相互依存，相互成长。

在企业内部，分享是激发员工潜力的重要途径。生命型企业成功的关键在于最大程度上发挥员工潜力，而不是有大量的资本，或是土地、原材料、政策等。分享能唤醒和激发员工的责任感、使命感，乃至自主性、能动性、想象力和创造力，从而为公司贡献知识，贡献美好的精神，产生知识资本和精神资本。

在企业外部，分享则会赢来外部利益相关者更多的信任和在信任基础上的更多投入，所谓众人拾柴火焰高。例如壳牌公司，一个有着百年历史的大型跨国企业，全球员工不过十来万人，但仅仅是这些人，支撑了全球 100 多个国家和地区所有业务。事实上，在这十万员工的背后，是上百万，乃至上千万的利益相关者，包括采掘、运输、经销等领域，没有壳牌公司与他们分享，没有他们对壳牌的信任，就不会有这样一个卓越的壳牌。

如果只能用两个字表达华为成功的秘诀，那就是：分享。分享可以说是华为最原始的基因，如果任正非不是将 98.86% 的股份分享给员工，一定不会有今天的华为。没有分享，华为引进多少设备、多好的技术、多好的人才都没有用。华为的分享，充分地调动和激发了员工投入华为事业中的意愿。任正非早年曾说过：“真正聪明的是十几万员工以及客户的宽容与牵引，我只不过用利益分享的方式，将他们的才智黏合了起来。”

因此，要想营造一个生命型企业，领导者必须首先具有分享精神。没有让出98.86%股份这个伟大的分享行为，就不可能有伟大的华为；没有乔布斯“活着就是为了改变世界”豪情壮志般的分享精神，也就不会有今天的苹果。领导者是否分享以及分享到什么层次，直接影响员工的心性水平，进而影响员工的绩效水平和整个企业的发展。

（三）分享给社会带来巨大价值

当前正处于风头浪尖的一种经济形态，就是分享经济，也叫共享经济。2017年《政府工作报告》中提出：“支持和引导分享经济发展，提高社会资源利用效率，便利人民群众生活。”分享经济建立在产能过剩的前提下，在物联网技术平台的支持下，鼓励每个人拿出自己的闲置资源，达到物尽其用和资源的优化配置，创造出更多的价值，使社会财富不断增长。

同时，分享经济促使每个人更及时地获取最新的信息和想法，使每个人得以以指数级速度学习到最前沿的知识理论。目前，分享经济的触角已延伸到购物、旅游、出行、知识、医疗等广泛领域。滴滴出行、共享单车、知否、春雨医生等，都是正在兴起的分享经济的冰山一角。预计未来分享经济将保持年均40%左右的高速增长，2020年交易规模占GDP比重将达到10%以上，有着无限的商机和可能。可以看出，分享不但能维持个人的生存和发展，更给组织和社会带来巨大的利益和价值。

三、分享与精神世界的三个维度

分享为什么重要？因为分享不仅是一种行为，还是一种意识、一种思想、一种境界，它是一把尺子，可以丈量一个人精神的高度、格局的宽度和情怀的深度。人的精神境界到了什么地步，他的情怀和格局有多大多深，这个人就会做出多大程度的分享行为来。如何来度量一个人或者组织的精神世界，也可以说是心量的高度（境界）、宽度（格局）和深度（情怀）呢？

（一）分享的十大阶梯：精神世界的高度——境界

通过图1这十大阶梯，可以丈量出一个人的精神境界、心性、人生观、价值观到底在哪个层次，也就是精神世界

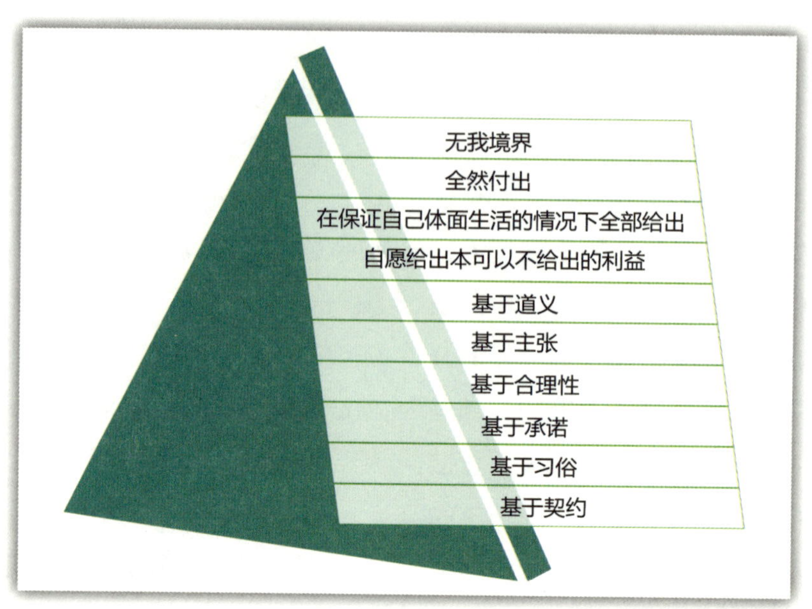

图 1　分享的十大阶梯

的高度，即心量的高度。而这也是领导力的高度，它代表了领导者利他与奉献的意愿度，也决定了其领导力的影响力、冲击力和震撼力。

一是基于契约和制度规定的分享，即规定分享的责任和义务是否能尽到。责任和义务的履行，就是强制每个人给出利益，正确处理利益，譬如合同的履行，国家的征税，就是基于契约的分享。

二是基于习俗的分享，即尊重习俗，按照习俗要求，付出你该付出的、分享你该分享的东西。比如朋友婚礼或者孩子周岁，按照习俗都要到现场去随份子、给红包，这也是一种分享。做不到分享和分担，其他人就不会信任你，就没有办法在某个环境里构建起来自己的社会关系。

三是基于承诺的分享。中国传统文化提倡“一言既出，驷马难追”，无论口头承诺还是书面承诺，只要做出了，就必须要做到。

四是基于合理性的分享，即没有契约的硬性规定，也没有承诺和习俗的要求，但根据合理性，该给出的东西，还是要给出。比如企业承诺今年给十万年薪，但是今年绩效特别好，利润超出计划的三倍，根据合理性的要求，就需要多给一部分出来，以激发员工的投入和积极性，提高对企业承诺的信任。

五是基于主张的分享。主张不等于承诺，只是个人的想法和观点，并没有特定对象。比如一个人主张口说好话，身行好事，心存善念，他就一直秉承这个原则去做，说明这个人知行合一、表里如一、言行一致，若能将自我主张的分享做好，让大家感受到他的善念，更加说明这个人值得信赖。

六是基于道义的分享，即源于社会责任的分享，像汶川大地震时，所有国人都伸出双手来扶危救困，有钱出钱、有力出力，让大家不断传递。

七是自愿给出本可以不给出的利益，往往是超出期望的利益，这个典型的就是任正非。没有任何人要求他必须给出 98.86% 的股份给员工分红，但他却这么做了。超出期望的分享往往能带来超出期望的回报。

八是在保证自己体面生活的情况下全部给出。像巴菲特、扎克伯格、比尔盖茨这些富豪，在保证自己体面生活的前提下，将财富捐献给社会。

九是全然付出。比如特雷莎修女，19 岁从欧洲来到印度，把一生都献给穷人，丝毫谈不上过体面的生活，而是和穷人过一样的生活，连获得诺贝尔和平奖的奖金也捐给了印度的穷人。

十是无我境界。这就是佛陀的境界，全然无我地布施，没有任何自我的私念，将整个人生奉献出来。

因此，在哪个境界上分享，对方就会在哪个层次上产生感触和体验，也就会在哪个层次上回馈于你。这就是分享的高度，代表着一个人有多大的思想境界。

（二）分享的十个维度：精神世界的宽度——格局（见图 2）

分享的宽度，代表一个人心量的宽度和格局，心里到底有多大、能容得了多少人。这也代表了领导力的宽度，也决定了领导者的领导力所能企及的对象范围、影响人群，能调动和激发多少人以及多大的能量。

作为企业老板，首先心里第一个得有的、需要去分享的就是管理者，尤其是管理层和 CEO。然后是他的员工、客户，然后是供应商、竞争对手、社区，然后是国家、社会、自然万物、天地宇宙。一个人心中有谁，才能与他们构建起信

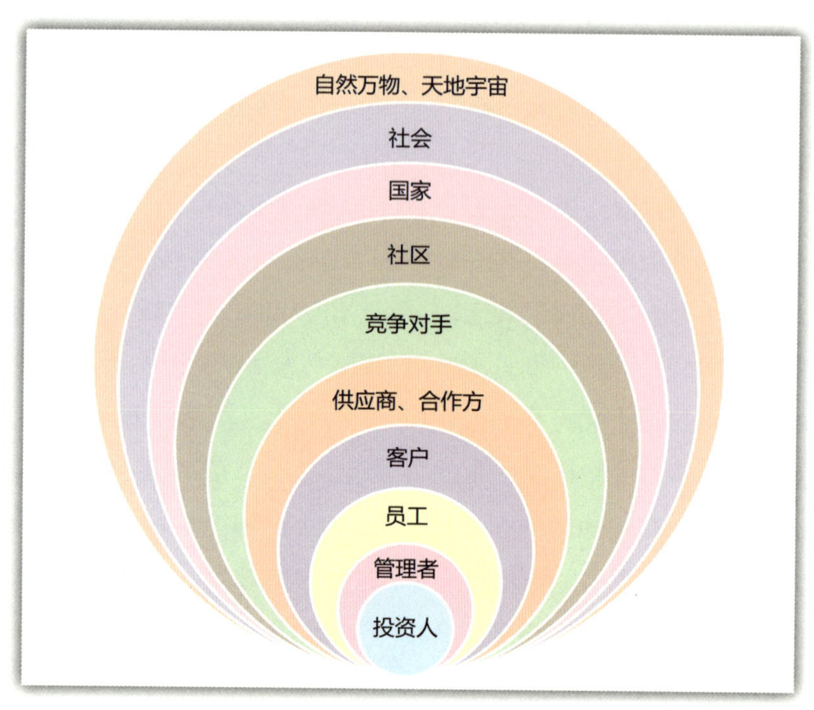

图 2　分享的十个维度

任关系，有了关系就有了合作，有了合作就有了承诺和投入，就会带来互利共赢。然后才会有和谐共生，生命系统才会越滚越大，才会有越来越多的能量和资源聚集到身边，才可以做更大的事情，并在更大程度上进行分享，之后带动更多的资源，进入一个新的良性循环。

对个体来说，分享是一种能力，这种能力有多强，能量就有多大。正如乔布斯所讲，一流人才吸引一流人才，二流人才吸引三流人才。所谓一流，指的是一流的精神、人格和思想，这些体现在分享上，分享到哪个层次，你构建的关系就在哪个层次上，对方就会在哪个层次受到激发，做出承诺和投入。

（三）分享的十大体验：精神世界的深度——情怀（见图 3）

情怀就是心里有什么东西，拿什么去分享，分享的东西能在哪个层次满足对方的需求，而这代表领导者通过内修所达到的精神世界的丰富程度，也决定了作为领导者能为他人、能为世界奉献

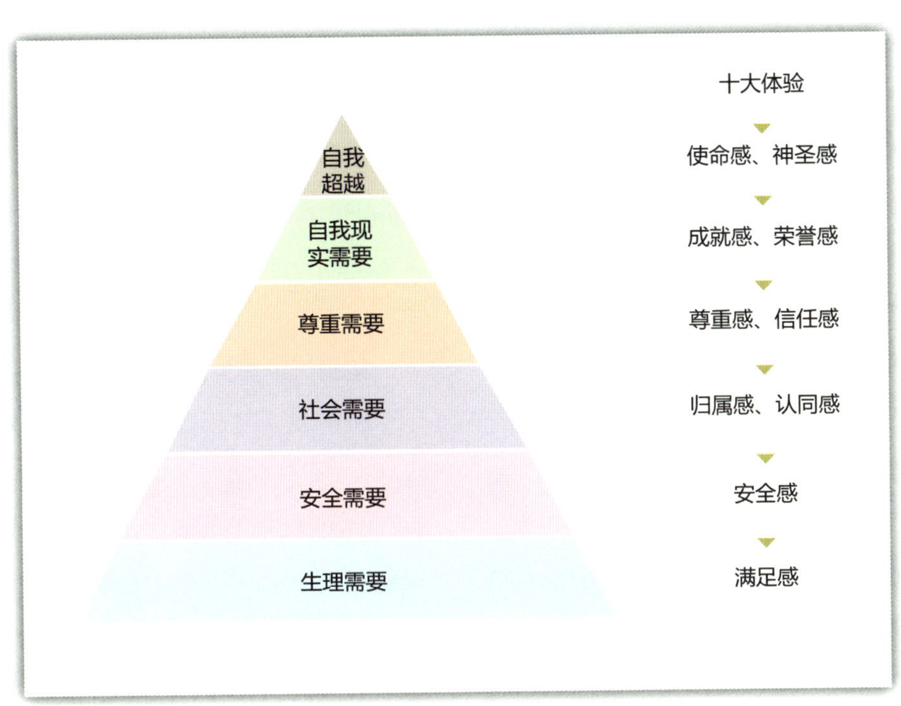

图 3　分享的十大体验

什么，进而也就决定了他人和整个世界能回馈什么，决定了领导者所能凝聚的能量的大小和层次。

按照马斯洛需求层次来讲有六个层次，在不同层次去分享，对方就会产生不同的心理体验。对方在哪个层次产生体验，就会在哪个层次上信任你，就会在哪个层次上跟你合作。比如，丈夫跟妻子分享工资，必会带来妻子物质上的满足感；跟妻子分享承诺，就会带来安全感。在不同层次上分享，会带来十大体验：满足感、安全感、归属感、认同感、尊重感、信任感、成就感、荣誉感、使命感、神圣感。越从更高层次上进行分享，就越会让对方产生更深切震撼与心理体验，激发其信任和合作的意愿，并为之投入体力、脑力、情感或者生命。

四、分享的方式

佛教有六条修炼的路径和门法：布施、持戒、忍辱、精进、禅定和般若。“般若”代表的是对待世界的一种修炼境界和精神高度，即渗透这个世界后，达到的一种认知境界：一方面是怀有敬畏与感恩，对天地万物抱有悲悯的情怀；另一方面是看破并放下一切。而“放下”的内在表现就是慈悲情怀，顾众生，要给众生以乐；外在表现是静定和禅定，特别表现在对外的布施上包括“财布施”“法布施”和“无畏布施”，而分享的形式也是从这三个方面分享。

“财布施”是对物质资源的分享，通过员工持股、合伙人制、员工参与管理等来表现。员工持股现在越来越成为企业管理的一种方向，有事仅仅给钱是不够的，更要赋予其权力，才能吸引和留存真正的人才。

“法布施”是对智慧、知识的分享，可以通过团队的学习分享和对客户进行知识分享等实现。

“无畏布施”其实就是价值观等精神层面的分享，比如用心做产品、用心做服务，将产品的精神传递给消费者；成立志愿者队伍，将公司的理念传达给社会等。中国共产党在愿景和精神层面就做得很好，如果没有树立“为人民服务”的形象，没有通过分享建立与人民群众的血肉联系，没有“井冈山精神”“长征精神”“改革开放精神”“新时代中国特色社会主义精神”等一个接一个的持续引领，就不可能走得这么远，走得这么稳、这么好。

下面列举几家企业的分享案例。

案例 1：华为的股权和价值观分享

2019 年 1 月，任正非在接受外媒采访时表示：“今天，我个人在华为持有股票占总股数为 1.14%，我知道乔布斯的持股比例是 0.58%，说明我的股权数量继续下降应该是合理的，向乔布斯学习。”创始人只持股 1.14%，还能够对公司保持控制权，这在全世界范围内也是屈指可数，在中国是独一家。华为的员工持股，准确地说其实就是一种利润分享。

精神和价值观层面的分享，也是任正非十分擅长的。自华为成立至今，任正非接连不断地写文章，实时与内部员工分享，目前公开发表的已有上百篇。任正非正是通过这些话语和文字的分享，向员工积极传达他的价值观——艰苦奋斗，保持危机感；坚持创新，坚信未来的美好。以此来鼓励和激发员工的上进心，建设了一支能吃苦、敢拼搏、坚持持续奋斗的“铁军”。

案例 2：阿里巴巴的合伙人制度

阿里巴巴集团从2010年开始在管理团队内部试行合伙人制度，到2013年合伙人制度正式建立。合伙人的资质要求，需要在公司至少供职5年，获得至少四分之三合伙人的表决同意，才能选举为新合伙人。不止是阿里巴巴的内部员工，包括公司之外的客户、商业伙伴以及阿里巴巴生态系统中的其他参与者，都有可能成为阿里巴巴的合伙人。合伙人在公司持有股权，拥有提名新合伙人的权利，并且拥有极强的话语权。这样的权力分享，更有利于稳定和凝集阿里巴巴的骨干管理层，并鼓励公司外的有识之士加入阿里巴巴。

案例 3：星巴克的情感和利益分享

星巴克坚持员工第一的理念，将员工放在了企业金字塔的顶部，中间是顾客，底部才是股东。1988年，星巴克开始为所有的兼职人员支付全额健康福利费用。1991年，开始实行"咖啡豆"股票计划，以合伙人（partner）称呼代替"雇员"。凡为公司工作6个月以上者，都是合法的股权持有者。当年每个合伙人都可获得年基本收入12%的股票期权。2010年，星巴克把股权资格的享有者扩大到了19个国家的115000名员工。2017年，在中国发布最新合伙人投资计划，为符合条件的星巴克中国的全职合伙人全资提供父母重疾保险……星巴克董事长霍华德坚信，通过超越员工的期待，才能最终实现超越顾客的期待。通过星巴克的倾情分享，将全球数十万员工凝聚，并将星巴克文化分享给世界大众。

案例 4：信誉楼"切实为他人着想"

信誉楼的创始人张洪瑞，在信誉楼开业之初就定下了"以诚待人，以誉取信"的经营方针。将"员工健康快乐，企业健康长寿，成为世界知名的基业长青企业"作为企业愿景，将"追求价值最大化，而不是利润最大化"的价值观在企业内部广为传播。

为员工着想。信誉楼实行岗位股（不同的岗位授予不同的股权），不允许继承（包括创业者），不允许个人控股。信誉楼享有股权的员工约占30%，2016年，张洪瑞的股权已降至1%。尽管信誉楼是张洪瑞个人筹资创办，但当他退居二线时，没有交班给任何一个子女，而是由董事会民主投票，选举出了一个新的领导集体。

为顾客着想。如信誉楼一直坚持“无理由退货”。无论什么、无论怎么都能退。2014年，信誉楼18家店的退换货接待处共受理25万人次退换货，造成750万元损失。但根据信誉楼的统计，凡是退换货数额最多的分店，也是销售额最多的分店。退换货接待量最大的信誉楼黄骅店，2014年纳税额是5600万元，而它只是一个县级市的一万平方米的普通商厦。

为供应商着想。信誉楼自创办起，就规定了跟供应商合作的“四不准则”：不拖欠货款，不转嫁风险，不收受回扣，不接受吃请。“四不准则”给供应商吃了定心丸，使供应商可以全身心投入到提高商品质量上来。以“诚信”做背书，周转效率大大提升，市场、信誉楼、顾客和供应商就形成了良性循环，很多供应商都会把优惠政策留给信誉楼。

为同行着想。信誉楼对市场的理解不同：同行，不是竞争对手，而是竞争伙伴。本着与同行共同做大市场的思路，努力营造一个良好的竞争环境，不搞恶性竞争，不打价格战，不搞打折促销。信誉楼每天只营业到下午六点半，除周末外，所有节假日关门歇业。张洪瑞说：“信誉楼不会挤压同行的生存空间，更不追求把同行打垮，所以把晚上、节假日的黄金销售时间让给同行。”这样做不但没有影响信誉楼的销售业绩，反而是信誉楼开到哪座县城，哪里就形成繁华的商圈，围绕信誉楼会出现一批小店铺。

上述企业，正是凭借企业家博大的胸怀和格局，通过对物质资源和价值的分享与传播，对个人利益或小利益的舍弃及对“最大层面价值”的追求，营造出良好的生态环境，聚人、聚智、聚财，才创造了极大的顾客价值，造就了企业的成功与良好的社会信誉。

所以说，领导力的精髓是分享。只有分享才能带来激励，施加积极影响，发挥引领作用，形成众多的追随者，在实现更多人的目标与价值的基础上实现领导者的理想和生命意义。